"十四五"职业教育国家规划教材

银行基本技能

（第三版）

YINHANG JIBEN JINENG

胡增芳　李慧君　主编

东北财经大学出版社
Dongbei University of Finance & Economics Press
大连

图书在版编目（CIP）数据

银行基本技能 / 胡增芳，李慧君主编．—3版．—大连：东北财经大学
出版社，2025.2．—ISBN 978-7-5654-5487-5

Ⅰ．F830.4

中国国家版本馆CIP数据核字第2024A2Q699号

东北财经大学出版社出版

（大连市黑石礁尖山街217号　邮政编码　116025）

网　　　址：http://www.dufep.cn

读者信箱：dufep@dufe.edu.cn

大连天骄彩色印刷有限公司印刷　东北财经大学出版社发行

幅面尺寸：185mm×260mm　　字数：278千字　　印张：12.75

2025年2月第3版　　　　　　　2025年2月第1次印刷

责任编辑：李丽娟　　　　　　　责任校对：蔡　丽

封面设计：原　皓　　　　　　　版式设计：原　皓

定价：42.00元

在金融发展的悠久历史长河中，金融基本技能始终是金融行业稳健前行与持续创新的基石。从公元前2000年巴比伦寺庙中的货币保管与利息收取，到现代全球金融市场的复杂运作，每一次金融领域的重大进步都离不开从业者深厚的基本功底。掌握基本技能是每一位金融从业者必备的核心竞争力，这些技能不仅是个人职业发展的阶梯，更是应对市场波动、促进经济稳定增长的关键。2024年，全国职业院校技能大赛升级为世界职业院校技能大赛，大赛的目标之一就是"进一步增强实践动手能力、运用专业技能解决现实问题"，要求"重点展示专业技能熟练程度、规范程度以及解决技术难题的创新能力"。由此可以看到，专业基本技能仍然是世界职业院校技能竞赛的主要考核点，更是职业院校人才培养的重要一环。

党的二十大报告提出，"深化金融体制改革，建设现代中央银行制度，加强和完善现代金融监管，强化金融稳定保障体系"，这为我们此次修订本教材提供了明确的方向和指引。因此，我们特别注重科技在金融基本技能中的应用、金融基本技能操作中的风险防范与安全管理等方面的内容。金融从业者不仅要精通传统业务，更要紧跟时代步伐，掌握最新的金融科技手段，以提升学习者在数字化时代的金融服务能力和风险管理水平。

此次修订对教材内容进行了全面的更新与完善，新增了以下几个方面的特色内容，旨在更好地帮助读者掌握银行业务的核心技能。

首先，在各项目学习目标后增加了思维导图，清晰呈现了各项目的知识框架，帮助读者更加有序地理解和记忆教材内容，让读者快速把握每个章节的重点和结构，提升学习效率。

其次，在项目二中增加了数字人民币的最新发展内容，紧跟金融科技的前沿。随着数字货币的崛起，银行业在支付、结算等方面的创新与变革愈加重要，通过详细介绍数字人民币的相关知识，帮助读者理解这一新兴领域对银行业务的深远影响。

最后，对原有配套的数字资源进行了全面升级。升级后的数字资源内容更加丰富、互动性更强，能够为读者提供更为多样化和实用的学习支持。

总体来说，本教材体现出以下特点：

1.有机融入课程思政元素

本教材将课程思政元素有机融入教材内容中，在各项目学习目标中设置了素养目标，在正文内容中穿插"工匠风采""职业道德与职业素养"栏目，与素养目标前后呼应，注重激发读者"自信自强、守正创新，踔厉奋发、勇毅前行"的精神状态，强化教材育人理念。

2.体现"岗课赛证"融通

本教材遵循高等职业教育教学和人才成长规律，将银行及相关金融行业各岗位技能要求、全国职业院校技能大赛银行业务综合技能赛项的最新要求以及银行业专业人员职业资格考试的有关内容有机融入教材，将学历教育与实际工作岗位、职业技能大赛和职业资格考试等相结合，突出教材的适用性。

3.践行校企"双元"合作开发

本教材编写团队中既有教学和实践经验丰富的一线骨干教师和双师型教师，也有具有多年实际工作经验的银行类金融企业工作人员，他们不仅深入参与教材的大纲设计与编写工作，还提供了很多真实的案例、实训项目等资源，使教材更加贴近实际工作岗位，更具有实用性。

4.增强了数字资源的互动性

本教材纸质教材与数字化资源同步开发和建设，教材配套资源均已上传到出版社的线上教学互动平台——"财济书院"平台（www.idufep.com），将纸质教材与数字资源有机融合。使用本教材的师生可以登录平台建班建课，实现线上线下混合式教学。教材中增设"课堂训练"栏目，可通过扫描二维码完成针对相应知识点的训练。本教材还新建了学习交流QQ群，使用本教材的教师与学生可以通过搜索群号（766101303）实名制入群，进行教学反馈和线上互动。

本教材可作为高等职业院校财经类相关专业的教学用书，同时也适合其他院校财经类专业学生以及企业财经工作者使用。

本教材由安徽商贸职业技术学院胡增芳、李慧君任主编，安徽商贸职业技术学院陶然、余迎昕、耿玥老师及部分银行类金融企业人员参编。本教材由胡增芳拟定大纲、统一分配编写分工。具体编写分工如下：李慧君和中国光大银行股份有限公司芜湖分行的吴珩共同编写项目一；陶然和吴珩共同编写项目二；余迎昕和中国工商银行安徽省分行的叶善增共同编写项目三；陶然、胡增芳和中国农业银行芜湖分行的艾和毅共同编写项目四；耿玥和叶善增共同编写项目五、项目六。最后由胡增芳对全书进行总纂定稿。

本教材作为校企双元合作开发教材，除以上参编的金融企业人员外，还承蒙中国工商银行安徽省分行、中国农业银行芜湖分行、芜湖市银行业协会、安徽迪科数金有限公司相关领导和专家的大力支持和指导，还得到了有关信息科技服务公司的技术支持，在此向以上相关人员以及所有参考文献的编著者表示感谢！

书中不妥之处在所难免，敬请读者批评指正。

编　者
2024年11月

点钞技术

学习目标

知识目标

1. 了解点钞的基本知识、清点方法及要求。

2. 掌握手持式点钞法、扇面点钞法的基本操作技能。

3. 掌握人民币的捆扎方法。

技能目标

1. 能够运用手持式点钞法快速准确地清点钞券，并能流畅地完成点钞的全过程。

2. 能够运用扇面点钞法快速准确地清点钞券，并能流畅地完成点钞的全过程。

3. 能够对钞券进行捆扎。

素养目标

1. 弘扬工匠精神，树立技能成才、技能报国的人生理想。

2. 理解"君子爱财，取之有道"，引导学生树立正确的人生观、价值观和消费观。

项目一思维导图

- 点钞基础知识
  - 点钞的基本环节
  - 点钞的基本要求
  - 点钞的基本要领
  - 点钞的基本方法
- 手持式点钞法
  - 手持式单指单张点钞法
  - 手持式一指多张点钞法
  - 手持式四指拨动点钞法
  - 手持式五指拨动点钞法
- 扇面点钞法
  - 扇面式一指多张点钞法
  - 扇面式多指多张点钞法

点钞技术

- 手按式点钞法
  - 手按式单指单张点钞法
  - 手按式多指多张点钞法
  - 手按式单指推动点钞法
  - 手按式多指推动点钞法
- 机器点钞
  - 纸币点钞机介绍
  - 机器点钞前的准备
  - 机器点钞的操作程序
  - 机器点钞的方式
  - 机器点钞的注意事项
- 捆扎与盖章
  - 缠绕式扎把
  - 扭结式扎把
  - 捆大捆
  - 盖章

任务一 点钞基础知识

任务导入

当你在超市付款时，看到收银员在收付款时清点钱款了吗？银行柜台人员在工作时，是怎样清点人民币的？你平时注意观察就会发现这些细节。这也是以下要讲到的点钞基础知识。

知识要点

点钞是指按照一定的方法查清票币的数额，即整理、清点钞票的工作，在银行泛指清点各种票币，又称票币整点。点钞方法是直接决定速度和准确率的关键环节，是本项目学习的重点。点钞广泛应用于金融、出纳、会计、商贸、超市收银、证券、外币等工作，用于收款、付款的初点、复点和整点实际生活中的各种钞券。

一、点钞的基本环节

点钞是一个从拆把开始到扎把为止的连续、完整的过程。点钞看似简单，实则是一项很有科学规律的业务技能，它要有节奏感、还要把握好准与快的关系，要眼、手、心和谐统一。点钞一般包括拆把持钞、清点、记数、墩齐、扎把、盖章等环节。要加快点钞速度，提高点钞水平，必须把各个环节的工作做好。

（一）拆把持钞

成把清点时，首先需将腰条纸拆下。拆把时，可将腰条纸脱去，保持其原状，也可将腰条纸用手指勾断。通常，初点时采用脱去腰条纸的方法，以便复点时发现差错进行查找，复点时一般将腰条纸勾断。

持钞速度的快慢、姿势是否正确，也会影响点钞速度，要注意每一种点钞方法的持钞方法。

视频 1-1

点钞的基本
环节

（二）清点

清点是点钞的关键环节。清点的速度、清点的准确性，直接关系到点钞的准确度与速度。因此，要勤学苦练清点基本功，做到清点既快又准。

在清点过程中，还需将损伤券按规定标准剔出，以保持流通中券面的整洁。若该把钞券中夹杂着其他版面的钞券，应将其挑出。

在点钞过程中如发现差错，应将差错情况记录在原腰条纸上，并把原腰条纸放在钞券上面一起扎把，不得将其扔掉，以便事后查明原因，另作处理。

（三）记数

记数也是点钞的基本环节，与清点相辅相成。在清点准确的基础上，必须做到记数准确。

（四）墩齐

钞券清点完毕扎把前，先要将钞券墩齐，以便扎把时保持钞券外观整齐美观。钞券墩齐要求四条边水平，不露头且不呈梯形错开，折角应拉平。墩齐时，双手松拢，先将钞券竖起来，双手将钞券捏成瓦形在桌面上墩齐，然后将钞券横立并将其捏成瓦形在桌面上墩齐。

（五）扎把

每把钞券清点完毕后，要扎好腰条纸。腰条纸要求扎在钞券的1/2处，左右偏差不得超过2厘米；同时，要求扎紧，以提起第一张钞券不被抽出为准。

（六）盖章

盖章是点钞过程的最后一环，在腰条纸上加盖点钞员名章，表示对此把钞券的质量和数量负责，所以每个点钞员点钞后均要盖章，而且图章要盖得清晰，以看得清行号、姓名为准。

二、点钞的基本要求

在办理现金的收付与整点时，点钞员要做到准、快、好。准，就是钞券清点不错不乱，准确无误。快，是指在准的前提下，加快点钞速度，提高工作效率。好，就是清点的钞券要符合"五好"钱捆的要求，即点准、挑净、墩齐、捆紧、盖章清楚。准是做好现金收付和整点工作的基础和前提，快和好是银行加速货币流通、提高服务质量的必要条件。

三、点钞的基本要领

学习点钞，首先要掌握基本要领。基本要领对于任何点钞方法都适用。点钞基本要领可概括为以下几点：

（一）肌肉要放松

点钞时，双手各部位的肌肉都要放松。肌肉放松，能够使双手灵活自如，动作协调，并减轻劳动强度。否则，会使手指僵硬，动作不准确，既影响点钞速度，还消耗体力。正确的姿势是，肌肉放松，双肘自然放在桌面上，持票的左手手腕接触桌面，右手手腕稍抬起。

（二）钞券要墩齐

需清点的钞券必须清理整齐、平直。这是点准钞券的前提，钞券不齐不易点准。对折角、弯折、揉搓过的钞券要将其弄直、抹平，明显破裂、质软的票子要先挑出来。清理好后，将钞券在桌面上墩齐。

（三）开扇要均匀

券面开扇均匀是指每张钞券的间隔距离必须一致，使之在捻钞过程中不易夹张。因此，扇面开得是否均匀，关系着点钞是否准确。

（四）手指触面要小

手工点钞时，捻钞的手指与钞券的接触面要小。如果手指接触面大，手指往返动作的幅度随之增大，从而使手指频率减慢，影响点钞速度。

（五）动作要连贯

点钞时各个动作之间相互连贯是加快点钞速度的必要条件之一。动作要连贯包括两方面的要求：一是指点钞过程的各个环节必须相互协调，环环相扣。例如，点完100张墩齐钞券后，左手持票，右手取腰条纸，同时左手的钞券跟上去，迅速扎好小把；在右手放钞券的同时，左手取另一把钞券准备清点，然后右手顺手沾水清点等。这样可以使扎把和持票及清点各环节紧密地衔接起来。二是指清点时的各个动作要连贯，即第一组动作和第二组动作之间，要尽量缩短和不留空隙时间，当第一组的最后一个动作即将完成时，第二组动作要迅速跟上保持连贯，比如用手持式四指拨动点钞法清点时，当第一组的食指捻下第四张钞券时，第二组动作的小指要迅速跟上，不留空隙。这就要求在清点时双手动作要协调，清点动作要均匀，切忌忽快忽慢。另外，在清点过程中要尽量减少不必要的小动作、假动作，以免影响动作的连贯性和点钞速度。

（六）点数要协调

点和数是点钞过程的两个重要方面，这两个方面要相互配合，协调一致。点的速度快，记数跟不上，或点的速度慢，记数过快，都会造成点钞不准确，甚至造成差错。所以点和数二者必须一致，这是点准的前提条件之一。为了使两者紧密结合，记数通常采用分组法。单指单张以十为一组记数，多指多张以清点的张数为一组记数，使点和数的速度能基本吻合。同时，记数通常要用脑子记，尽量避免用口数。

四、点钞的基本方法

按照是否自动化，点钞可以分为手工点钞和机器点钞两大类。根据持钞姿势的不同，手工点钞，又可划分为手持式点钞法，扇面点钞法和手按式点钞法等。手持式点钞法和手按式点钞法又可分为单指单张点钞法、单指多张点钞法和多指多张点钞法等。根据具体情况，选择不同的点钞方法。

点钞基本方法的分类如图1-1所示。

课堂训练1-1

图1-1　点钞的基本方法分类

钻研苦练20余载
——记"全国十大金融工匠"王东云

中国农业银行常州分行运营管理部高级专员王东云，钻研苦练20余载，凭借过硬的点钞功夫，曾夺得全国农行业务技能比赛点钞冠军；2009年，她在央视"状元360"超级银行柜员比赛中赢得"超级银行柜员"冠军；她代表农行向中央党校培训学员演示蒙眼点钞，速度为100张15秒，准确率为100%；2012年，她在央视《旗鼓相当》节目中演示蒙眼听音点钞，向全国观众展示了高超的职业技能；2007年，她获得"全国女职工建功立业标兵"；2009年，她获得"全国五一劳动奖章"，获评"60年全国农行人物"；2020年，她获评"2019—2020年度十大金融工匠"。几十年来，她以高超的点钞技艺演绎了当代金融人的"工匠精神"。

立足本职　乐业敬业

1990年，王东云进入中国农业银行常州分行，成为该行武进支行洛阳分理处的一名柜员。当地以珍珠养殖和水蜜桃、葡萄种植为代表的农副产业发达，全国各地的客商常是带着整麻袋现金上门收购，面对着桌面上堆积如山的10元券，只有在最短时间内点准钞票才能完成工作。由此，王东云走上了苦练点钞之路。上班时，三尺柜台是主战场；下班后，家庭港湾成了训练营。这一练便是20多年。

伴随着点钞技能的日益精进，王东云的业务办理效率提升，客户对她赞誉有加。1999—2007年她担任中国农业银行常州湖塘支行主出纳期间，日均清点残破币均在4万张以上，最多时清点量达6万张。

作为一名柜员，她坚持把平凡的职业当作她热爱的事业，爱岗敬业、乐业、精业，岗位虽普通，但随着时光的积淀，她成就了自己职业的辉煌。

探索创新　执着苦练

取得成绩的背后，是王东云把"点钞"当作科研项目来研究、攻关。

万事只怕"认真"二字。王东云一练就是20多年，其中的艰辛、寂寞、付出是常人无法想象的。刚开始练习点钞时，她向前辈学习，向其他获奖选手学习。每当看到其他选手新的点钞方式，她就会模仿练习，不断总结改进。支撑她刻苦训练的，有对事业始终如一的执着追求，有不达目标、誓不罢休的毅力和勇往直前、勇攀高峰的拼搏精神。她以刻苦钻研的精神和科学的态度，探索着既快又准的点钞新方法。

为提高速度，她尝试把点钞动作分解训练。她将散把点钞动作分解为：拿钱、固定姿势、点钞、放多余的钱、扎钞、放钞、盖章，并分解训练，努力使每个动作均做到最严谨、最高效。仅一个拿钱的动作，她就要练习上千次、上万次，直至练到有手感、每次均能拿到100张多一点。

勤奋、创新、科学、严谨的方法使她自创了一套提高点钞技艺的方法，并把整个银行业的点钞技能推上了新高度。在她研究新的点钞方法前，常州农行比赛选手10分钟单指单张点钞的最好成绩是24把多，"10分钟25把"成为选手们难以跨越的一道坎。现在，她将新方法教给新员工。不到一个月，新员工的速度就能达到10分钟26把34张。她自己的点钞速度则始终保持在10分钟35把的水平。

"伟大的事业孕育在平凡的工作中。"王东云立足平凡的岗位，敬业、乐业，用勤奋、刻苦、执着、坚毅的精神做出了不平凡的贡献，她以自身的努力，诠释了当代金融职工"工匠精神"的深刻内涵。

资料来源：安仁. 钻研苦练20余载——记"全国十大金融工匠"王东云［EB/OL］. ［2021-01-29］. https://www.financialnews.com.cn/renwu/202101/t20210129_210934.html.

实践训练

一、实训内容

两位同学为一组，以小组为单位，互相监督，记录每天点一把钞券的时间，包括拆把持钞、清点、记数、墩齐、扎把和盖章这些步骤。

二、实训目标

1.熟练掌握拆把持钞、清点、记数、墩齐、扎把、盖章等环节。

2.掌握点钞的基本要领。

三、实训考核

主要考核点钞的环节是否完整，点钞的细节是否掌握到位。

任务二 手持式点钞法

任务导入

在电视剧《人民的名义》第二集中，侯亮平在"小官巨贪"的赵处长家找到了239 995 400元赃款后，让银行安排工作人员、点钞机和运钞车到赵处长家的别墅现场清点。本来观众看到满墙、满床、满冰箱的人民币已经够震撼了，而银行工作人员花式点钞的镜头更是令人叹为观止，有"手挥琵琶"式点钞，数钱都能让人得到艺术般的享受，手法娴熟，如同行云流水；也有"一指禅"式的小鸡啄米点钞法，手法相当可爱；还有一抓一大把式"挠痒痒"点钞法，看得人很舒服。那么，什么是手持式点钞法呢？它具体有哪些方法呢？这些正是本任务要学习的内容。

知识要点

手持式点钞法是将钞券拿在手上进行清点的点钞方法。手持式点钞法一般有手持式单指单张点钞、手持式一指多张点钞、手持式四指拨动点钞和手持式五指拨动点钞等多种方法。

一、手持式单指单张点钞法

手持式单指单张点钞法是一种适用面较广的点钞方法，可用于收款、付款和整点各种新旧大小钞券。这种点钞方法的优点是：点钞人持券所占的券面较小，视线可及券面的3/4，容易发现假票，挑剔残破券也较方便。

手持式单指单张点钞法的具体操作步骤如下：

（一）拆把持钞

拆把的方法有两种。第一种方法是：持把时左手拇指在钞券正面的左端，约在券面的1/4处，食指和中指在钞券背面与拇指一起捏住钞券，无名指和小指自然弯曲；捏起钞券后，无名指和小指伸向票前压住钞券的左下方，中指弯曲稍用力，与无名指和小指一起夹住钞券；食指伸直，拇指向上移动按住钞券的侧面将钞券压成瓦形，并使右手手心向下，然后用右手脱去钞券上的腰条纸。同时，左手的拇指、食指、中指沾水做好点钞准备。从以上可以看出，这种拆把方法不撕断腰条纸，这样便于查看图章。这种拆把方法通常用于初点现金（见图1-2）。

视频1-2

初点现金的
拆把持钞方法

①脱腰条

②钞券放置在一旁

图1-2　初点现金拆把持钞

第二种方法是：钞券横执，正面朝着身体，用左手的中指和无名指夹住券面的左上角，拇指按住钞券边沿处，食指伸直，中指稍用力，把钞券放在桌面上，并使左端翘起成瓦形，然后用右手食指向前伸勾断腰条纸并抬起食指使腰条自然落在桌面上，左手大拇指翻起钞券同时用力向外推使钞券成微型扇面，右手拇指、食指和中指沾水做好点钞准备。这种方法的特点是左右手可同时操作，拆把速度快，但腰条纸勾断后不能再使用。这种拆把方法通常用于复点现金（见图1-3）。

①左手夹钞

②钞券成瓦形

③右手食指向前伸勾断腰条纸

图1-3　复点现金拆把持钞

　　拆把过程中的持钞方法除了上面介绍的两种以外，还可以用另外一种方法，即钞券横执，钞券的反面朝着身体，用左手中指和无名指夹住钞券的左端中间，食指和中指在前面，中指弯曲，食指伸直；无名指和小指放在钞券后面并自然弯曲；左手拇指在钞券下边沿后侧约占券面的1/3处用力将钞券向上翻起呈瓦形，使钞券正面朝向身体，并用拇指捏住钞券里侧边缘向外推，食指协助拇指，使钞券打开呈微扇形状。拆把的方法与上面介绍的两种方法相同。

（二）清点

拆把后，左手持钞稍斜，正面对胸前，右手捻钞，捻钞从右上角开始。用右手拇指尖向下捻动钞券的右上角，拇指不要抬得太高，动作的幅度也不宜太大，以免影响速度；食指在钞券背面托住少量钞券配合拇指工作，随着钞券的捻出要向前移动，以及时托住另一部分钞券；无名指将捻下来的钞券往怀里方向弹，每捻下一张弹一次，要注意轻点快弹；中指翘起不要触及券面，以免妨碍无名指动作。同时，左手一指也要配合动作，当右手将钞券下捻时，一指要随即向后移动，并用指尖向外推动钞券，以使捻钞时下钞均匀。在这一环节中要注意，右手拇指捻钞时主要负责将钞券捻开，下钞主要靠无名指弹拨（见图1-4）。

视频 1-4

单指单张点钞
清点与记数

①左手持钞，右手捻钞

②右手轻捻钞票

图1-4　清点

（三）挑残破券

在清点过程中，如发现残破券应按挑剔标准将其挑出。为了不影响点钞速度，点钞时不要急于抽出残破券，只要用右手中指、无名指夹住残破券将其折向外边，待点完100张后再补上完整券（见图1-5）。

课堂训练 1-2

图1-5 挑残破券

（四）记数

在清点钞券的同时要记数。由于单指单张每次只捻一张钞券，记数也必须一张一张记，直至记到100张。从"1"到"100"的数中，绝大多数是两位数，记数速度往往跟不上捻钞速度，所以必须巧记。通常可采用分组记数法。分组记数法有两种方法：一种是1、2、3、4、5、6、7、8、9、1；1、2、3、4、5、6、7、8、9、2；1、2、3、4、5、6、7、8、9、3……1、2、3、4、5、6、7、8、9、10，以此类推，到第10组结束时正好100张。这种方法是将100个数编成10个组，每个组都由10个一位数组成，前面9个数都表示张数，最后一个数既表示这一组的第10张，又表示这个组的组序号码，即第几组。这样在点数时记数的频率和捻钞的速度能基本吻合。另一种方法是0、2、3、4、5、6、7、8、9、10；1、2、3、4、5、6、7、8、9、10；2、2、3、4、5、6、7、8、9、10……9、2、3、4、5、6、7、8、9、10。这种记数方法的原则与前种相同，不同的是把组的号码放在每组数的前面。这两种记数方法既简单迅速又省力好记，有利于准确记数。记数时要注意不要用嘴念出声来，要用心记，做到心、眼、手三者密切配合。

✓ **小知识 1-1** --

手持式单指单张点钞时，扇面要均匀，扇面的宽度要适宜，右手拇指捻钞时下拉的幅度要小。其关键是掌握方法，做到"择一而精"。

- -

（五）扎把与盖章

每把钞券清点完毕后，要扎好腰条纸。腰条纸要求扎在钞券的1/2处，左右偏差不得超过2厘米；同时要求扎紧，以提起第一张钞券不被抽出为准。盖章是点钞过程的最后一环，在腰条纸上加盖点钞员名章，表示对此把钞券的质量和数量负责，所以每个点钞员点钞后均要盖章，而且图章要盖得清晰，以看得清行号、姓名为准。

二、手持式一指多张点钞法

手持式一指多张点钞法是在手持式单指单张点钞法的基础上发展起来的，它适用于收款、付款和整点工作。各种钞券的清点都能使用这种点钞方法。其优点是点钞效率高，记数简单省力。但是由于一指一次捻下几张钞券，除第一张外，后面几张看到的券面较小，不易发现残破券和假币。

这种点钞法的操作方法除了清点和记数外，其他均与手持式单指单张点钞方法相同。

（一）清点

清点时，右手拇指肚放在钞券的右上角，拇指尖略超过券面。如点双张，先用拇指肚捻下第1张，拇指尖捻下第2张；如点3张及3张以上，同样先用拇指肚捻下第1张，然后依次捻下后面1张，用拇指尖捻下最后1张，要注意拇指均衡用力，捻的幅度也不要太大，食指、中指在钞券后面配合拇指捻动，无名指向怀里弹。为增大审视面，并保证左手切数准确，点数时眼睛要从左侧向右看，这样容易看清张数和残破券、假币。

（二）记数

由于一次捻下多张，所以应采用分组记数法，以每次点的张数为一组记数。如点3张，即以3张为一组记数，每捻3张记一个数，33组余1张就是100张；又如点5张，即以5张为一组记数，每捻5张记一个数，20组就是100张，以此类推。

三、手持式四指拨动点钞法

手持式四指拨动点钞，也称手持式四指四张点钞法，适用于收款、付款和整点工作，是一种比较适合柜面收付款业务的点钞方法。它的优点是速度快、效率高。由于这种方法每指只点一张钞券，券面可视幅度较大，看得较为清楚，所以有利于识别假币和挑出损伤券。

（一）持钞

钞券横立，左手持钞。持钞时，手心朝胸前，手指向下，中指在票前，食指、无名指、小指在后，将钞券夹紧；以中指为轴心五指自然弯曲，中指第二关节顶住钞券，向外用力，小指、无名指、食指、拇指同时向手心方向用力，将钞券压成"U"形，"U"口朝里，这里要注意食指和拇指要从右上侧将钞券往里下方轻压，打开微扇；手腕向里转动90度，使钞券的凹面向左但略朝里，凸面朝外向右；中指和无名指夹住钞券，食指移到钞券外侧面，用指尖按住钞券，以防下滑，大拇指轻轻按住钞券外上侧，既防钞券下滑又要配合右手清点。最后，左手将钞券移至胸前约20厘米的位置，右手五指同时沾水，做好清点准备（见图1-6）。

（二）清点

两只手摆放要自然，一般左手持钞略低，右手手腕抬起高于左手。清点时，右手拇指轻轻托住内上角里侧的少量钞券，其余四指自然并拢，弯曲成弓形，食指在上，中指、无名指、小指依次略低，四个指尖呈一条斜线；然后从小指开始，四个指尖依次各捻下一张，四指共捻四张；接着以同样的方法清点，循环往复，点完25次即点完100张。

①钞券横立，左手持钞

②钞券夹紧成"U"形

图1-6　手持式四指拨动点钞法之持钞

用这种方法清点要注意以下几个方面：一是捻钞券时动作要连续，下张时一次一次连续不断，当食指捻下本次最后一张时，小指要紧紧跟上，每次之间不要间歇。二是捻钞的幅度要小，手指离券面不要过远，四个指头要一起动作，加快往返速度。三是四个指头与券面接触面要小，应用指尖接触券面进行捻动。四是右手拇指随着钞券的不断下捻向前移动，托住钞券，但不能离开钞券。五是在右手捻钞的同时左手要配合动作，每当右手捻下一次钞券，左手拇指就要推动一次，二指同时松开，使捻出的钞券自然下落，再按住未点的钞券，重复动作，使下钞顺畅自如（见图1-7）。

图1-7 手持式四指拨动点钞法之清点

（三）记数

采用分组记数法，以四个指头顺次捻下四张为一次，每次为一组，25次即25组为100张。

（四）扎把与盖章

扎把与盖章的方法与手持式单指单张点钞法相同。

采用手持式四指拨动点钞法，清点前不必先折腰条纸，只要将捆扎钞券的腰条纸挪移到钞券1/4处就可以开始清点，发现问题可保持原状，便于追查。清点完毕，初点不用勾断腰条纸，复点完时顺便将腰条纸勾断，重新扎把和盖章。

四、手持式五指拨动点钞法

手持式五指拨动点钞法适用于收款、付款和整点工作。它的优点是效率高、记数省力，可减轻劳动强度。这种方法要求五个手指依次动作，动作难度较大。

（一）持钞

钞券横立，用左手持钞。持钞时，左手小指、拇指放在钞券面前，其余三个手指放在钞券后，拇指用力把钞券压成瓦形，用右手退下腰条纸。左手将钞券右边向右手拍打一下，并用右手顺势将钞券推起。左手变换各手指位置，即用无名指、小指夹住钞券左下端，中指和食指按在钞券外侧，食指在上，中指在下，拇指轻压在钞券上外侧使钞券成瓦形。

（二）清点

右手五个指头沾水，从右角将钞券逐张向怀里方向拨动，以拇指开始，依次食指、中指、无名指，直至小指收尾为止。每指拨一张，一次为5张。

（三）记数

采用分组记数法，每5张为一组记一个数，记满20组为100张。

实践训练

一、实训内容

1.分小组训练手持式单指单张点钞法，分为单把测试和多把测试。单把测试为完成准确清点一把钞券的任务，需完成点数和扎把两个环节，并将清点结果填写在记录单上。多把测试为完成准确清点多把钞券的任务，需完成点数和扎把两个环节，并将清点结果填写在记录单上。

2.分小组训练手持式多指多张点钞法，单把测试为完成准确清点一把钞券的任务，需完成点数和扎把两个环节，并将清点结果填写在记录单上。

二、实训目标

1.熟练掌握手持式单指单张点钞法的方法和技巧。

2.基本掌握手持式多指多张点钞法的方法和技巧。

三、实训考核

1.手持式单指单张点钞法测试标准：每把（100张）45秒以内准确点完为优秀，每把50秒以内准确点完为良好，每把60秒以内准确点完为及格。

2.以小组为单位进行多把测试，用时5分钟。给5把（每把100～110张）以上钞券，要求连点带扎5把以上。点对3把为及格，点对4把为良好，点对5把为优秀（包括扎把、盖章）。

任务三　扇面点钞法

任务导入

　　扇面点钞法点钞速度快，是手工点钞中效率最高的一种。在比赛当中，为了追求速度和准确率，大多采用扇面点钞法。扇面点钞法的关键在于开扇。如何快速开扇？开扇有什么技巧？开扇以后如何快速清点钞券？这些正是本任务要学习的内容。

知识要点

扇面点钞法最适合用于整点新券及复点工作，是一种效率较高的点钞方法。但这种点钞方法清点时往往只看票边，券面可视面极小，不便挑剔残破券和鉴别假票，不适用于整点新旧币混合的钞券。

扇面点钞法一般有持票拆把、开扇、清点、记数、合扇、扎把等基本环节。由于清点方法不同，扇面点钞法可分为一指多张点钞法和多指多张点法两种。一次下按得越多，点数的难度就越大，初学者应注意选择适当的张数。下面分别介绍这两种方法。

一、扇面式一指多张点钞法

（一）持票拆把

钞券竖拿，钞券正面朝向身体。左手拇指在钞券前，食指和中指在钞券后一并捏住钞券左下角约1/3处，左手无名指和小指自然弯曲。右手拇指在券前，其余四指横在券后约1/2处，用虎口卡住钞券右侧面，并把钞券压成瓦形，再用拇指勾断钞券上的腰条纸做开扇准备（见图1-8）。

图1-8　开扇准备

（二）开扇

开扇也叫打扇面，是扇面点钞最关键的环节。扇面开得匀不匀，直接影响点钞的准确性。因此，扇面一定要开得均匀，即每张钞券的间隔要均匀。开扇后钞券上部呈大扇面形状，下部呈相反方向的小扇形，开出的效果如同一把打开的纸扇。

一次性开扇的方法是：以左手为轴，以左手拇指和食指持票的位置为轴心，右手拇指用力将钞券往外推，右手食指和中指将钞券往怀里方向转过来，然后向外甩动，同时左手拇指和食指从右向左捻动。左手捻、右手甩要同时进行。一次性开扇效率高，但难度较大。开扇时注意左右手协调配合，右手甩扇面要用力，右手甩时左手拇指要放松，这样才能一次性甩开扇面，并使扇面开得均匀（见图1-9）。

课堂训练1-3

图1-9　开扇

（三）清点

清点时，左手持钞，使扇面平持，眼睛与扇面保持一定距离。钞券上端略上翘，使钞券略倾斜，右手中指、无名指、小指托住钞券背面，分组进行清点，右手拇指一次按5张或10张钞券，以便于记数为原则。下按的钞券由食指压住，接着拇指按第二次，以此类推。同时，左手应随着右手点数的速度以腕部为轴稍向怀里方向转动。用这种方法清点时，要注意拇指下按时用力不宜过大，下按时拇指一般按在钞券的右上角。从下按的张数来看，如点钞员经验丰富，也可一次下按6张、8张、12张、14张、16张等（见图1-10）。

视频1-6

扇面式一指
多张点钞法

图1-10　清点

（四）记数

采用分组记数法。一按5张即每5张为一组，记满20组为100张；一按10张即每10张为一组，记满10组为100张，以此类推。

（五）合扇

清点完毕即可合扇。合扇时，左手用虎口松拢钞券向右边压；右手拇指在前，其余四指在后托住钞券右侧并从右向左合拢，左右手一起往中间稍用力，使钞券竖立在桌面上，两手轻拢，将钞券墩齐，以备扎把（见图1-11）。

图1-11　合扇

二、扇面式多指多张点钞法

扇面式多指多张点钞法，有一指捻下5张、6张、7张、8张等，最多可达15张，因此这种点钞方法的速度相当快。这种点钞方法的持票拆把、开扇、记数、合扇等方法与扇面式一指多张点钞法相同，仅清点方法有所区别。故这里只介绍它的清点操作过程，并以四指5张为例。

清点时，左手持扇面，右手清点。因个人习惯，也可右手持扇面，左手清点。右手持扇面时，先用左手拇指下按第一个5张，然后左手食指沿钞券上端向前移动下按第二个5张，中指和无名指依次下按第三、第四个5张，这样即完成一组动作。当无名指下按第四个5张后，拇指应迅速接着下按第一个5张，即开始第二轮的操作。四个手指依次轮流反复操作。由于左手指移动速度快，在清点过程中要注意右臂要随各个手指的点数轻轻向左移动，还应注意每指清点的张数应相同。下按6张、7张等钞券的方法与下按5张相同。

用五个手指、三个手指、两个手指均可清点。其清点方法与四指多张相同。

视频 1-7

扇面式多指
多张点钞法

拓展阅读 1-2

小伙苦练扇面点钞法，3分11秒精准点钞593张

2017年11月18日上午8时40分，"金融微笑天使"决赛展开了第一项角逐，当天50余名银行业选手同台进行点钞比拼。对选手而言，点钞技能比拼不仅考验他们的业务能力和临场心态，也是比赛头项技能排名的关键之战，要求不仅要速度快，更为重要的是准确度要高。

"我们不仅对速度有要求，对准确率也有要求。此外，对点钞券捆绑外形、松紧度等都有严格要求，一切按照实际业务办理要求对待。"一位评委告诉记者。尤其是在比赛过程中高度紧张的状态下，合格率是相对较低的，需要参赛者有良好的心理素质。

记者在现场看到，点钞比赛刚刚开始，第二组选手陈心然吸引了大家的眼球，在场的选手大多数以传统的点钞法进行点钞，即单指单张点钞，而来自济宁银行解放路支行的陈心然却用扇面点钞法进行点钞，基本是10张点一次，然后快速单张清点，不到2分钟时间，陈心然已清点了大部分点钞券。最终，他用3分11秒的时间清点了593张点钞券，成为小组第一名，也成为本次比赛全场点钞最快的选手。

台上一分钟，台下十年功。陈心然刚进入银行工作时，每天利用业余时间练习点钞手法，点钞券达到200把（每把100张）以上，若换算成人民币，陈心然每天手点钞训练量超过2万张。现在，陈心然的最好成绩达到十几秒清点完一把点钞券。

资料来源：佚名. 小伙苦练扇面点钞法，3分11秒精准点钞593张［EB/OL］.［2017-11-20］. https://www.toutiao.com/i6490302083382641165/.

实践训练

一、实训内容

1.分小组训练扇面式一指多张点钞法，分为单把测试和多把测试。单把测试为完成准确清点一把钞券的任务，需完成点数和扎把两个环节，并将清点结果填写在记录单上。多把测试为完成准确清点多把钞券的任务，需完成点数和扎把两个环节，并将清点结果填写在记录单上。

2.分小组训练扇面式四指多张点钞法。单把测试为完成准确清点一把钞券的任务，需完成点数和扎把两个环节，并将清点结果填写在记录单上。

二、实训目标

1.熟练掌握扇面式一指多张点钞法的方法和技巧。

2.基本掌握扇面式多指多张点钞法的方法和技巧。

三、实训考核

1.单把测试。扇面式一指多张点钞法测试标准：每把（100张）45秒以内准确点完为优秀，每把50秒以内准确点完为良好，每把50~60秒以内准确点完为及格。

2.多把测试。用时5分钟，给5把（每把100~110张）以上钞券，要求连点带扎5把以上。点对3把为及格，点对4把为良好，点对5把为优秀（包括扎把、盖章）。

任务四   手按式点钞法

任务导入

    手按式点钞法是银行最传统、最常用的点钞方法。客户去银行柜台办理存取款业务时，会看到银行柜员将钞券放在桌面上进行清点，不同于手持式点钞法和扇面点钞法，这就是手按式点钞法。那么，手按式点钞法的基本操作有哪些？这正是本任务要学习的主要内容。

知识要点

    手按式点钞法是将钞券按放在桌面上进行清点的点钞方法。手按式点钞法一般可分为单指单张点钞法、多指多张点钞法、单指推动点钞法、多指推动点钞法等多种方法。

一、手按式单指单张点钞法

    手按式单指单张点钞法是一种传统的点钞方法，在我国流传盛广。它适用于收付款和整点各种新、旧大小钞券。由于这种点钞方法逐张清点，看到的券面较大，便于挑剔损伤券，特别适用于清点散把钞券和辅币及残破券多的钞券。

（一）按把

将钞券横放在桌面上，一般在点钞员正胸前。左手小指、无名指微弯按住钞券左上角，约占券面1/3处，食指伸向腰条纸并将其勾断，拇指、食指和中指微屈做好点钞准备（见图1-12）。

图1-12 按把

（二）清点

右手拇指托起右下角的部分钞券，用右手食指捻动钞券，其余手指自然弯曲。右手食指每捻起一张，左手拇指便将钞券推送到左手食指与中指间夹住，这样就完成了一次点钞动作，以后依次连续这样的操作（见图1-13）。

用这种方法清点时，应注意右手拇指托起的钞券不要太多，否则会使食指捻动困难；也不宜太少，太少会增加拇指的活动次数，从而影响清点速度，一般一次以20张左右为宜。

（三）记数

记数可采用双数记数法，数至50为100张；也可采用分组记数法，以10为一组记数。记数方法与手持式单指单张点钞法基本相同。

上述操作方法，左右手的拇指、中指、食指在清点过程中，每捻起一张都需要动作，不仅影响速度，而且钞券容易滑动以致松散，不易清点，手指也很累。因此，手持式单指单张点钞法还有另一种操作形式：左手按券方式与前一种方法相同。右手自然摆放在桌面上，手腕微抬起。右手的小指、无名指按在右上角，小指压紧钞券，无名指稍松，中指微弯曲。清点时，右手拇指托起部分钞券，食指每捻起一张即由左手拇指切数并用拇指和食指夹住；捻数张后，左手拇指即将钞券推送到食指和中指之间夹住。一般捻起5张或10张后，左手拇指便推动一次。记数可用分组记数法。每5张或10张为一组，记满20组或10组为100张。

①右手拇指托起钞券的右下角

②右手食指捻动钞券

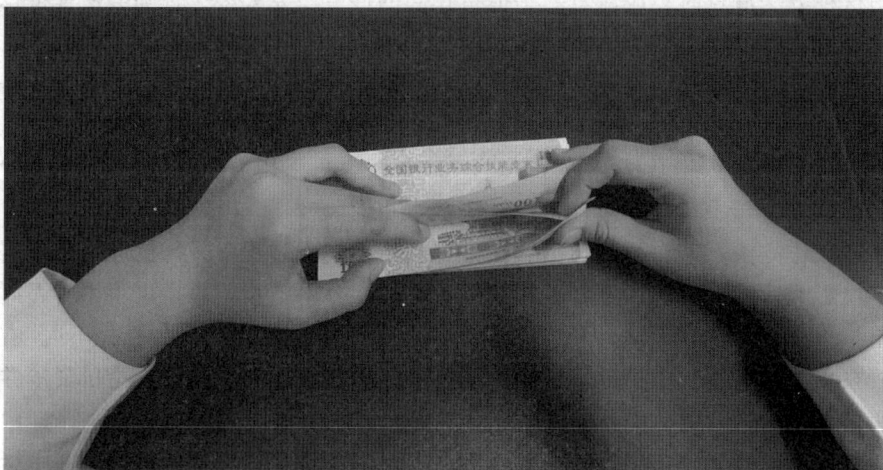

③送到左手食指与中指间夹住

图1-13　清点

用这种形式进行操作，减少了左手中指和食指动作的次数，手指不易累或酸；右手小指和无名指按住钞券后，钞券也不易滑动；记数简单，如感到记数有误时，只要左手拇指放下没有记准的这一组重新清点外，无须重新清点其余各组钞券，这样有利于提高工作效率。

二、手按式多指多张点钞法

手按式多指多张点钞法是在手按式单指单张基础上发展起来的点钞方法，因此，点钞的方法与手按式单指单张基本相同，只是清点和记数略有不同。下面我们着重介绍它们的不同之处。

手按式双张点钞时，左手的小指、无名指压在钞券的左上方约占券面的1/4处；右手拇指、食指、中指沾水后，用拇指托起部分钞券，用中指向上捻起第一张，随即用食指捻起第二张，捻起的这两张钞券由左手拇指送到左手食指和中指之间夹住。记数采用分组记数法，每2张为1组，记满50组为100张。点双张时，应注意右手臂要稍抬起，右手臂高于右手腕，手指朝右边，这样便于捻动。

手按式三张、四张点钞法适用于收付款和整点各种新旧主币、辅币。它的速度明显快于单指单张和双指双张点钞法。但由于除第一张外，其余各张所能看到的券面较小，不宜整点残破币多的钞券。手按式三张、四张点钞的基本方法与双张点钞法相同，只是清点、记数方法略有不同。

手按式三张、四张点钞时，左手压钞的方法与双张点钞相同。右手拇指托起右下角的部分钞券。三张点钞时，先用无名指捻动第一张，随后用中指食指顺序捻起第二张和第三张；四张点钞时，先用小指捻起第一张，随后无名指、中指和食指分别捻起第二张、第三张、第四张；捻起的三张或四张钞券用左手拇指向上推送到左手的食指和中指间夹住。采用三张、四张点钞法时，与双张点钞法一样，注意手臂要抬起，右手手指朝左边，手心向下，点数时手指也不宜抬得过高。

手按式三张、四张点钞法可采用分组记数。三张点钞法可以三张为一组记一个数，数33组还剩一张为100张；四张点钞法可以四张为一组记一个数，数到25组为100张。

三、手按式单指推动点钞法

手按式单指推动点钞法也是使用较广的一种点钞方法。它适用于收款、付款和整点各种钞券，尤其适用于整点成把的百元和五十元以下的主币。这种点钞方法效率较高。但除第一张外，其余各张券面可视面很小，不易发现假币和剔除损伤券。

这种点钞法的操作方法如下：把钞券横放在桌面上，左手无名指微屈按住钞券左上角约1/3处；右手肘靠在桌子上，右手五个手指自然弯曲；用中指第一关节托起部分钞券后，中指、无名指、小指垫入部分钞券下面；拇指从右下角推起数张钞券；食指按在钞券右上角配合拇指推动，同时也防止拇指推动时钞券向上移动；左手拇指根据右手推起的钞券数将钞券推送到中指与食指之间夹住。这样便完成了一组动作，以后按此方法连续操作。

用这种方法清点，要注意右手拇指推动时，要先从拇指尖开始推动，直到拇指

视频 1-9

手按式单指
推动点钞法

肚收尾为止；拇指用力要均匀，这样才能均匀地把钞券推捻开；一般一次推捻3～10张，中指托起的钞券也不宜太多；记数时，眼睛要从钞券里侧往外看。记数可采用分组记数，如一次推捻4张，那么以4张为一组记数，数25组为100张，以此类推。

四、手按式多指推动点钞法

手按式多指推动点钞法适用于各种面额钞券的清点，更适用于整点成把主币。其操作方法如下：

（一）放券

将钞券斜放在桌面上呈45度角，右下角正对胸前，左手无名指、小指自然弯曲压在钞券左端约占券面的1/4处，同时用右手的食指、中指、无名指、小指沾水做好点钞准备。

（二）清点

清点前，用右手在钞券右下角侧面将钞券向左上方推动一下，使钞券松散。推捻时可用三指推动，也可用四指推动。用四指推动时，先用小指从右下角向上推捻起第一张，然后用无名指、中指、食指顺序分别各推起一张钞券；用三指推动时，先用无名指推捻起第一张，然后用中指、食指各推起一张。推起的钞券由左手拇指推送到左手食指和中指之间夹住。这样便完成一组动作，以后按此方法连续操作。

（三）记数

记数采用分组记数法。每次推动3张的以3张为一组记数，每次推动4张的，以4张为一组记数，记满33组余1张或记满25组为100张。

工匠风采

用指尖点亮青春，做新时代的金融匠人
——"中国十大金融工匠"李莉

蒙眼点钞敢为先，
指尖韵律谱新篇。
岗位能手荣嘉冠，
匠心独运永绵延！

还记得2019年登上央视《挑战不可能》节目中刷新30秒蒙眼点钞的吉尼斯世界纪录的中行追梦人吗？时隔一年，在第20届全国青年岗位能手标兵名单上，我们再次看到了这个熟悉的名字，她就是中国银行陕西省分行营业部综合柜员李莉。

自2011年参加工作成为一名普通的银行柜员以来，为了提升服务质量和水平，李莉苦练本领，钻研点钞技能。她研究了多种点钞手法，在提升业务技能的同时，也将其经验在行业内推广。她不断突破自我，挑战不可能，曾打破了点钞的世界纪录，在业内获得诸多认可，彰显了当代金融人的匠人精神。她先后获得"陕西省金融杰出职工""全国金融青年岗位能手""全国金融系统青年五四奖章""全国五一劳动奖章"等诸多荣誉。2020年，她获评了"2019—2020年度全国十大金融工匠"。

在一线工作的李莉，每天要和现金打交道。无数票面不一、残损破旧的现金必须通过手工清点，这增加了业务办理的时间，造成客户等待时间长，抱怨声不断。那时李莉认识到银行业务技能的重要性，手下的速度就是客户的时间，她决心用一切能利用的时间来练习点钞技能。

由于长时间的练习，李莉的右手拇指、食指的指纹越来越淡，左手中指磨出了厚厚的茧子，无名指中间关节因夹钞的缘故，骨骼略微突出。为了提升扎腰条的速度，李莉的右手划出了很多口子。练习点钞耐力时，她不断增加练功券数量，中途不休息，在拇指上挂锁头，在右手四指上绕皮筋。无论是上班时的空闲时间，还是下班后的休息时间，她都抓紧时间练习，手指变形、划破、恢复，如此反复，日复一日的努力，换来了不断的进步。

青年岗位能手要求立足岗位，精进技能，在岗位上发挥自己的光和热。李莉的座右铭便是：能与时间匹敌的只有才华，于喧嚣中沉寂的唯有匠心。李莉在平凡的岗位铸就了自己的不平凡，她的勤奋务实、爱岗敬业，为当代青年金融人树立了榜样。

传承匠心精神，新时代青年人要有新作为。青年应摒弃喧嚣浮躁，常怀赤子之心，不惑于选择，不畏惧磨砺，每钻研一项业务，每服务一位客户，都要有一种庄严的仪式感。苦练本领促发展，强化执行勇担当，这便是延绵百年的"匠心传承"。

资料来源：王海. 超越不可能！这就是新时代的金融匠人！[EB/OL]. [2020-05-19]. https://www.sohu.com/a/396346210_167488.经过改编。

启示：

党的二十大报告指出："加快建设国家战略人才力量，努力培养造就更多大师、战略科学家、一流科技领军人才和创新团队、青年科技人才、卓越工程师、大国工匠、高技能人才。"因此，金融行业要建设知识型、技能型、创新型劳动者大军，弘扬劳模精神和工匠精神，营造劳动光荣的社会风尚和精益求精的敬业风气。通过对金融工匠李莉的典型事迹的学习，学生们可以认识到即使在平凡的岗位，也应当具有严谨、认真、负责、专注、精益求精等优秀的工作态度，以党的二十大精神为指引，将实践创新作为工作的基本要求，在见贤思齐中砥砺奋斗之志，弘扬进取之风，为社会发展贡献自己的一份力量。

实践训练

一、实训内容

分小组训练手按式单指单张点钞法，分为单把测试和多把测试。单把测试为完成准确清点一把钞券的任务，包含点数和扎把两个环节，并将清点结果填写在记录单上。多把测试为完成准确清点多把钞券的任务，包含点数和扎把两个环节，并将清点结果填写在记录单上。

二、实训目标

熟练掌握手按式单指单张点钞法的技能和技巧。

三、实训考核

1.单把测试。扇面式一指多张点钞法测试标准：每把（100张）45秒以内准确点完为优秀，每把45~50秒准确点完为良好，每把50~60秒准确点完为及格。

2.多把测试。用时5分钟，给5把（每把100～110张）以上钞券，要求连点带扎5把以上。点对3把为及格，点对4把为良好，点对5把为优秀（包括扎把、盖章）。

任务五　机器点钞

任务导入

机器点钞是财富的保证、安全的卫士，其操作简便、速度快，轻松检测，识别残缺，辨别真伪，报警提示，可以提高工作效率，降低劳动强度。现在客户去银行柜台办理业务，就会发现每个柜台窗口前都有一台点钞机。那么，点钞机是如何点钞的呢？这正是本任务要学习的内容。

知识要点

机器点钞就是使用点钞机整点钞券。由于机器点钞效率高，一般时数可达5万～7万张，比手工点钞快2～3倍，能有效地提高银行柜台服务质量，降低点钞员的劳动强度，而且在点钞的同时还能够检验钞券的真假。因此，机器点钞成为商业银行柜台经办人员点钞的主要方式，点钞员都应掌握此方法。科技的进步使得机器点钞技术越来越先进，点钞机器不仅能点钞计数，识别纸币的真伪，还有功能强大的各种混点模式、清点模式、冠字号记录、柜员号点钞记录等。随着人工智能的发展，甚至出现了机器人点钞，实现了点钞自动化。机器点钞适用于清点比较新的、大面额的批量款项，而残币和辅币还要靠手工清点。

动画 1-1

点钞机的故事

在目前的市场上，点钞机的型号和种类很多，功能也各不相同，但原理大同小异，主要的功能只有两种，即点钞和防伪，操作方法也基本相同。

一、纸币点钞机介绍

常见的纸币点钞机有卧式点钞机、立式点钞机和封闭式点钞机等。

卧式点钞机使用时，券面在输钞带上摊开，便于查点券面是否一致。

立式点钞机可按要求数目清点，一次最多可数200张，可挑残破券，检测到卷叠、重张等情况时，机器可报警，红灯显示并停机。

封闭式点钞机工作时杂音小，由于是封闭型，可以防止整点时灰尘飞散。

二、机器点钞前的准备

1.开箱

对新买的设备，应先把随机配件取出，然后将点钞机安放在平稳的桌面上，检查机器外观有无变形、损坏，各部分接口是否牢靠，螺钉是否紧固。点钞前，应将点钞机放在操作员正前方稍右，距桌边20～30厘米的地方。

2.连接电源

如果机器各部件完好无损，即可将电源插到220V的电源插座上。为确保人身安全，电源插座应接地线。

3.开机

打开电源开关，这时计数显示屏显示"0"，表示电源接通，机器处于正常操作状态。先试机，检查下钞券是否准确、通畅、整齐。

4.点钞物品的摆放

将待点的钞券整齐地摆放在点钞机的右侧，按券面值大小顺序排列，或从小到大，或从大到小，切不可大小夹杂排列，以免影响效率；然后将印章、纸条等用具按本人使用习惯摆放整齐，以保证点钞过程的连续性。

5.选择按键

根据点钞的不同需要，选择相应的功能键。

三、机器点钞的操作程序

1.持钞

右手握住钞券，拇指与中指、无名指、小指分别捏住钞券两侧，拇指在里侧，其余三指在外侧，将同一面额的纸币捻成一定的斜度，稍用力将钞券横捏成瓦形，中指在中间自然弯曲。同时，食指勾断腰条纸，将钞券平放入喂钞台。

2.点数

课堂训练1-4

将钞券放入喂钞台，不要用力，点钞机开始自动传送计数、识别、整理。点钞员眼睛要注意传送带上的钞券面额，看钞券是否夹有其他票券、损伤券、假钞等，同时要观察数码显示情况。拆下的腰条纸先放在桌子一边不要丢掉，以便查错用。

3.计数

待喂钞台上的钞券全部输送完毕，机器自动停止点数，此时计数器显示屏上显示的数字就是该叠钞券的数量。取出接钞台上的钞券，点钞机显示屏上的数字将自动清零，准备重新计数。

传送带上的钞券下张完毕时，要查看数码显示是否为"100"。如显示的数字不为"100"，必须重新复点。在复点前应先将数码显示为"00"状态并保管好原把腰条纸。如经复点仍是原数，又无其他不正常因素时，说明该把钞券张数有误，即应将钞券连同原腰条纸一起用新的腰条纸扎好，并在新的腰条纸上写上差错张数，另作处理。

☑ 小知识1-2 --

操作中要做到"三看"

一看：传送带上的钞券面额是否一致，是否有损伤券和假币。

二看：观察计数器数码显示数字是否正确。

三看：下钞斗内是否有钞券遗漏。

4.累计显示

当需要累计显示时，应按一下面板的"累加"键，指示灯亮，点钞机就在计数显示窗原显示数目的基础上进行累加计数。点钞完毕，计数显示屏显示的数目就是数量之和。累计显示达9999时，计数显示屏自动恢复到"0"。

5.墩齐、扎把

点钞结束、数量清点无误后，即可扎把。扎把时，左手拇指在上，其他四指在下，手掌向上把钞券从接钞台里拿出。拿钞时，将钞券墩齐，按缠绕式或拧结式扎把。

6.盖章

复点完全部钞券后，点钞员要逐把盖好名章。盖章时要做到先轻后重，整齐、清晰。

四、机器点钞的方式

点钞机点钞通常有以下几种清点方式：

1.全数清点方式

关闭所有检测功能键，在自动启动的状态下可以进行全数清点。把钞券横放于滑钞板上，机器会自动启动、运行，直至滑钞板上钞券走空，清点数目显示在计数器上。如果要继续清点，则取走接钞板上的钞券，并把另一把钞券放在滑钞板上，计数显示窗数值自动回"0"，机器重新启动并点钞。如果不取走接钞板上的钞券，而在滑钞板上加放钞券，机器将自行启动，且将新点的张数累加于原计数值上。

2.累加清点方式

按累加键，指示灯亮，表示机器处于累加点钞方式。清点完第一把钞券后，如果要继续清点，不管接钞板上的钞券是否取走，只要把钞券放于滑钞板上，机器便会自行启动点钞，而且将新点的钞券张数累加于原数值上，以此类推，直至数值显示到"9999"张后，即回到"0"重新计数。

3.定量清点方式

通过按预置键，加或减数键，可在"1～999"范围内选取预定数值，选定后机器即自动选择了定量清点方式。把钞券放于滑钞板上，机器便会自行启动点钞，当点钞计数到预定数值时，机器会自动停止。如果要重复定量清点，只要拿走接钞板上已经点过的钞券，机器会自动重复上述过程。若不拿走接钞板上的钞券，只要按启动键，机器也会启动点钞，重复定量清点，计数显示窗将显示所累计的数值。未达到预定数值时，应重新往滑钞板上放入钞券，机器会自行启动，连续计数，并在达到预定数值时停止。

4.防伪清点方式

点钞机包括荧光、磁性、安全线、光谱，以及连张、半张、夹张等识别功能，按需要选择相应的功能键进行识别。使用紫光防伪检测，开机后待紫光管预热3分钟，才能达到最佳检测效果；使用磁性防伪检测，按磁性键，指示灯亮即打开磁性防伪功能。连张、半张、夹张识别，是对长度小于70毫米、宽度大于25毫米的纸币进行检测。

在点钞过程中，当遇到可疑钞券时，机器会立即停机，发出警报声，并在预置窗闪动显示相应的检测信息代号，可疑币停留在接钞板表面第一张处。机器停机约5秒后，自行启动继续运行，或按启动键随时让机器启动继续点钞。

五、机器点钞的注意事项

（1）点钞时，必须检查点钞机计数器显示的读数是否为0，数字非零时必须按"清零"键将读数清零。

（2）送钞是机器点钞的关键。送钞时右手要平稳，左手拇指稍用力向下方掀动钞券下侧面，使钞券成微梯形后放入喂钞口，注意不可用力往下压钞券，要让钞券自动下滑。

（3）钞券全部下到接钞口后，要看清计数器上显示的数字是否与实际张数相符。如不符，要重新清点一次。

（4）左手将清点无误的钞券从接钞口取出后，要检查点钞机周围有无掉张，无掉张时，右手应立即将下一把钞券放入喂钞口清点，尽量不留空隙。

（5）点钞时如果出现计数显示器闪烁，是机器提示出现点钞不准，要求重新整点的警告。如因操作不熟练导致卡钞、出现紊乱，应立即关闭电源开关。

（6）清点无误的钞券墩齐、扎把时（盖章工序一般留在每笔款项全部清点完毕后），眼睛应紧盯点钞机上还在清点的其他钞券。扎好的钞券应放在点钞机的左侧。

在日常练习中，机器点钞的口诀如下：

认真操作争分秒，左右连贯用技巧；

右手投下欲点钞，左手拿出捻毕钞；

两眼查看券面跑，余光扫过计数表；

顺序操作莫慌乱，环节动作要减少；

原钞腰条必须换，快速扎把应做到；

维修保养经常搞，正常运转功效高。

实践训练

一、实训内容

教师准备真纸币和练功券若干张，以小组为单位，每组放一台点钞机，每个学生至少操作三次，分三种情况练习：

1. 全部是真纸币的练习；

2. 真纸币和练功券混合练习；

3. 练功券的练习。

二、实训目标

1. 熟练掌握机器点钞的环节和步骤。

2. 通过机器点钞法能够准确、迅速地清点钞券。

三、实训考核

根据学生清点钞券的准确率和辨别真假币的准确率予以评分。

任务六　捆扎与盖章

点钞完毕是否意味着整个钞券清点的过程就结束了？当然不是。手工捆扎是钞券清点完成后的工作。无论采用何种点钞方法，当完成了清点操作后，都需要按规定进行捆扎。捆扎过后还要盖章。捆扎紧实、盖章清楚是钞券整理的基本要求。

知识要点

捆扎和盖章是点钞操作的一道重要流程。操作时，捆扎要松紧适度，均衡用力，紧而不断，盖章动作要流畅，达到技术要求和质量标准。钞券整理墩齐、扎把、盖章紧密衔接，是提高点钞速度的有效途径。

捆扎包括捆单把和捆大捆。所谓捆单把是指将点数完毕的每100张钞券捆成一把；所谓捆大捆是指将已经捆好的单把按10把为一组捆成大捆。

一、缠绕式扎把

临柜收款通常采用此种方法。缠绕式扎把的具体操作方法（见图1-14）如下：

视频 1-10

缠绕式扎把

①将扎钞条一边夹于钞券中

②右手将扎钞条按于钞票上

③绕钞把翻转2圈

④右手拇指或食指塞扎钞条

⑤捆扎后的钞券不松动

图1-14　缠绕式扎把

（1）将点过的钞券100张墩齐。

（2）左手从长的方向拦腰握着钞券，使之呈瓦状（瓦状的幅度影响扎钞的松紧，在捆扎中幅度不能变）。

（3）右手握着扎钞条头将其从钞券的长的方向夹入钞券的中间（离一端1/4～1/3处）从凹面开始由下往上绕两圈至正面底边处。

（4）右手拇指将扎钞条向右反折45度，最后用拇指或食指将扎钞条向左塞入扎钞条内，然后再回转一圈，扎牢钞条。

（5）整理钞券。

二、扭结式扎把

考核、比赛常采用此种方法。其具体操作方法如下：

（1）将点过的钞券100张墩齐。

（2）左手握钞，使之呈瓦状。

（3）右手将扎钞条从钞券凸面放置，将两个扎钞条头绕到凹面，左手食指、拇指分别按住扎钞条与钞券厚度交界处。

（4）右手拇指、食指夹住其中一端扎钞条头，中指、无名指夹住另一端扎钞条头，并合在一起，右手顺时针转180度，左手逆时针转180度，将拇指和食指夹住的那一头从扎钞条与钞券之间绕过、打结。

三、捆大捆

将10把同面额、同版别、同种类（流通券、损伤券）的钞券同方向码放，在第一把上面放垫纸，然后用线绳或麻绳捆扎起来，叫捆大捆。

其具体操作方法如下：用线绳或麻绳呈双十字形捆扎。所谓双十字形是指底面两个十字形要搭扣，即俗称的"双十字麻花"，绳头结扣必须在顶面垫纸处，捆扎完毕在垫纸上面贴封签，将结扣封在封签内。捆扎后的大捆要求压紧、捆牢、不松动、不变形。

四、盖章

每把钞券都要加盖带行号和姓名的专用名章。单把盖章时，用左手将若干把捆扎完毕的钞券掐在手中，横向立于桌面，右手持名章，在侧面逐把加盖（见图1-15）。

视频1-11
盖章

图1-15　盖章

☑ 小知识 1-3 --

大捆小捆都要捆得漂亮

捆扎后的小捆要做到捆条缠绕时每圈重合，捆钞条的位置居中，折角整齐，钞券四边墩齐，钞面平整，松紧适度，捆扎后提起第一张不松动。

捆扎后的大捆要做到压紧、捆牢、不松动、不变形。

实践训练

一、实训内容

1.以小组为单位进行单把捆扎和多把捆扎训练，互查并评价捆扎质量。

2.将已经捆扎好的钞券，右手捏紧，左手盖章，清晰地将名章盖在每把钞券的侧面捆条上。

二、实训目标

1.熟练掌握扎把的动作和要求。

2.熟练掌握盖章的动作和要求。

三、实训考核

根据学生钞券捆扎的质量予以评分。每把练功券捆扎及盖章质量分为合格和不合格两种。捆扎不合格的情况为：（1）散把或能自然抽张；（2）扎把过紧呈船形；（3）成把券未墩齐，露头部分上下错开超过5毫米。

盖章出现不合格情况，每把扣1分。盖章不合格分为两种情况：（1）盖章未盖在指定位置，即扎把扎钞条的侧面；（2）盖章不清晰，即不能分辨文字或数字。

▸▸▸ -

思维拓展 1-1

1.如今，点钞机已经成为所有银行网点都必不可少的神器，它不仅能快速地点钞计数、识别纸币的真伪，而且有功能强大的各种混点模式、清点模式、冠字号记录、柜员号记录、ATM加钞联网等，为柜面工作人员节省了大量的宝贵时间，大大提高了工作效率。既然点钞机如此强大，银行柜员只要在日常工作中维护好点钞机就行了，为什么还要学手工点钞呢？

要求：请同学们以小组为单位进行讨论分析，然后每个小组选一个代表做总结汇报。

2.有的同学点钞的时候速度上不来，速度上来了正确率又下降了，那么如何进一步提高点钞的速度和准确率？

要求：请同学们以小组为单位进行讨论分析，将自己的实际训练过程进行分享并做总结汇报。

分析提示 1-1

分析提示 1-2

项目考核

一、选择题

1.下列各项中,属于单指单张点钞法的优点是(　　　)。

A.点钞速度很快

B.可看到钞券的大部分,易于识别假币

C.一次只记一个数,比较费力

D.不易挑出残币

2.以下关于机器点钞的操作程序正确的是(　　　)。

A.持票拆把—点数—计数—扎把—盖章

B.点数—持票拆把—计数—扎把—盖章

C.计数—点数—持票拆把—扎把—盖章

D.持票拆把—计数—点数—扎把—盖章

3.以下哪一个不属于"五好钱捆"的标准:(　　　)。

A.持钞　　　　　　　　　　　　B.墩齐

C.捆紧　　　　　　　　　　　　D.盖章清楚

4.(　　　)券面可视面极小,不便挑剔残破券和鉴别假票,不适用整点新旧币混合的钞券。

A.手持式点钞法　　　　　　　　B.扇面点钞法

C.手按式点钞法　　　　　　　　D.机器点钞法

二、简答题

1.点钞的基本环节有哪些?

2.点钞的基本要求是什么?

3.手持式单指单张点钞法和手持式四指四张点钞法各有什么特点?

4.扇面式点钞法有哪几种?

5.机器点钞法的操作流程是什么?

三、实训题

某天,客户王小姐拿着一天的营业收入到银行存钱,她给了前台柜员一叠杂乱、弯折的钞券,金额是23 500元。其中,100元面额的钞券有150张,有2张残破券;50元面额的钞券有140张,10元面额的钞券有150张。请清点这些钞券。操作步骤及注意事项如下:

(1)依据现金收款凭证的金额,用手持式单指单张点钞法初点钞券,再用扇面一指多张点钞法复点钞券。

首先,清点100元面额的钞券。左手拿起待点的部分钞券,持钞、捻钞、记数,边点边将残破券随手向外一扭,使钞券伸出外面一截,点完100张后,把左手多余的钞券放在待点的100张钞券上,抽出2张残破券,补上2张好票;墩齐,采用缠绕式扎把法扎把；将剩下的50张钞券，每点10张用1张钞券拦腰包住其余9张钞券打成"一叠"，共有5叠，用扎条捆扎好并将实际金额写在扎条上。

然后，清点50元面额的钞券，操作步骤与清点100元面额的钞券相同，点完1把和4叠钞券。

最后，清点10元面额的钞券，操作步骤与清点100元面额的钞券相同，点完1把和5叠钞券。

（2）点数无误后盖章。将扎好的100元面额的钞券1把、50元面额的钞券1把、10元面额的钞券1把，共3把钞券横执，在侧面纸条加盖清点人员的名章。

项目评价表

内容		评价		
学习目标	评价项目	3	2	1
职业能力	熟悉点钞的基本知识、清点方法和要求	1.点钞的基本知识			
		2.点钞的清点方法			
		3.点钞的基本要求			
	掌握手持式点钞法、扇面点钞法和手按式点钞法的基本操作技能	1.手持式点钞法			
		2.扇面式点钞法			
		3.手按式点钞法			
	掌握机器点钞法的基本操作技能	1.机器点钞法			
	掌握人民币的捆扎方法	1.缠绕式扎把法			
		2.扭结式扎把法			
通用能力	组织能力				
	沟通能力				
	解决问题的能力				
	自我提高的能力				
	创新能力				
综合评价					

等级说明：

3——能高质、高效地完成此学习目标的全部内容，并能解决遇到的特殊问题；

2——能高质、高效地完成此学习目标的全部内容；

1——能圆满完成此学习目标的全部内容，无需任何帮助和指导。

评价说明：

优秀——达到3级水平；

良好——达到2级水平；

合格——全部任务都达到1级水平；

不合格——不能达到1级水平。

货币鉴别

学习目标

知识目标

通过本项目的学习，熟悉人民币、外币的一般防伪特征，掌握人工与机器鉴别真假人民币、美元、欧元、日元的方法，掌握假币处理、残损人民币的挑剔与兑换。

技能目标

通过本项目的训练，能够手工或运用机器正确鉴别真假人民币美元、欧元、日元；能够正确地处理假币，挑剔和兑换残币、污币。

素养目标

1.通过本项目的学习，感受人民币国际地位的提升背后是日渐强大的国力，激发爱国情怀。

2.通过本项目的学习，感受人民币历史变迁的背景文化，坚定中国特色社会主义的道路自信、理论自信、制度自信、文化自信。

项目二思维导图

任务一　货币基础认知

在市场经济条件下，货币和商品是构成市场的两大要素，我们每天的生活都离不开它。货币有其悠久的历史，我们上中学时就学过了。那么，货币是如何产生的？又是由谁来发行的？货币的发展经历了哪些阶段？我国货币发行情况是怎样的？这些正是本任务要学习的内容。

知识要点

一、货币的来源

货币作为一种特殊商品，它产生于原始社会与封建社会交替的时期。那时人们的劳动产品开始出现剩余，于是出现了产品的交换，商品便产生了。当直接的以物易物不能满足人们的需求时，充当中间媒介的商品便出现了。经过长时期的发展，这种媒介商品被逐渐固定在一种或几种商品上，这就是货币的雏形。又经过不断的发展，人们开始有意识地加工一些固定产品，作为交换的媒介商品，这实际上就是货币。早期的货币是甲骨、贝壳以及金银等贵金属；随着冶炼技术的提高，人们开始加工钢或其他金属作为货币，这种金属货币一直沿用至今；再往后，造纸的技术成熟了，人们终于有代替那些笨重金属的东西了，于是钞票开始出现。

1980年，美国某大学宣布，他们发现了一张据考证是公元84—87年的沙草纸，上面有文字，类似现在的支票，其中一张写道"请付500铜币在3年后的26日"。这显示了在公元1世纪这样的支付令已被使用。这可以说是钞票的雏形。

世界上第一张钞票是我国北宋时期的"交子"。由于它是当时政府发行的票券，与现代意义上的钞票有些差别。世界上公认的第一张银行票是1661年7月16日由瑞典的第一家银行——斯德哥尔摩银行发行的信用券，它的发明人约翰·帕姆斯特鲁赫（Johan Palmstruch）被称为"钞票的发明人"。纸钞票自诞生后，从开始不被接受，到现在被普遍使用，经过了几百年的发展。钞票已成为多学科、高技术的产物。

二、货币的名称

货币名称就像名字一样，是一种符号。目前，世界上所有的国家或地区的货币都有各自的名称。从不同的货币名称中，我们多少可以领略到一些不同民族、不同地域之间的传统文化差别，以及早期世界文化与势力范围的格局，还可以看出老牌帝国在全世界的势力范围。不同的名称中，使用最多的是"元"。有30多个国家或地区使用"元"，它们多集中在亚洲、美洲和大洋洲，多是第二次世界大战后建国或独立的国家。有20多个国家使用"法郎"，除在欧洲的几个国家外，大部分集中在非洲，多数曾经是法国的殖民地或托管国。其他使用较多的名称还有"镑",几乎都是英联邦国家或是过去英国的殖民地。海湾及地中海沿岸国家的钞票名称多是"第纳尔"。"卢比"是印度洋沿岸及岛国使用较多的货币名称,这都体现了地域文化的特征。另外,有50多个国家或地区使用单一的钞票名称,如"林吉特""福林""德拉克马"等,多是本地语言中的译音。

三、货币的发行者

货币最初的发行并不像现在这样规范,多数银行看到发行货币有利可图,也纷纷发行自己的货币。17世纪以后,随着银行日渐增多,市面上的货币种类也越来越多,使得在同一国家或地区有几十种甚至上千种不同的货币同时在市面上流通,这不仅使市场严重混乱,还使人们无法认识和使用如此之多的货币。为解决这个问题,早期采取的方法是国家用税收的方式,对发行钞票的银行收取高额的赋税,这有效地控制了各银行随意发行货币。以后,随着国家机器的强大,各国又通过立法的形式确定本国的法定货币,由中央银行或行使中央银行职能的银行发行,这就是现在货币发行的方式。目前,世界各国各地区绝大多数是由中央银行发行货币,如欧洲中央银行、英格兰银行、日本银行、中国人民银行等。有些是由专门的机构发行,如新加坡的货币发行局,还有一些是由指定的一家或几家商业银行发行,如中国香港的中国银行、汇丰银行、渣打银行。美国的货币是由联邦储备委员会以12家联邦储备银行的名义发行的,表面看是12家银行发行,但实际上还是一个。有些面额较小的主币或辅币是由政府发行的。

四、货币的流通

流通手段是货币的五大职能之一,货币的流通分为境内流通和境外流通。作为本币,在本国境内都有法定的流通地位,任何法人、个人均不得拒收本币(包括辅币)。但是,任何国家的货币被带出自己的国家,在境外通常被称作外币,是否可以流通、兑换则要考虑诸多因素。

一国货币能否在其他国家兑换,首先取决于该国的相关政策。世界各国和地区均对本国货币制定管理政策,根据各国和地区中央银行的货币政策,货币大致可分为自由兑换货币和非自由兑换货币,它是由对货币出入境的限制所决定的。

各国对本币出入境管理规定大约可以分为以下五种类型:

(1)自由出入境。这是指对本国货币的出入境无任何限制,大约有50多个国家或地区,这些货币从理论上讲都可以收兑。我国内地收兑的货币中,瑞士法郎、港币属于此类。

(2)出入境限额申报。有一些国家对现钞出入境虽然没有限制,但超过一定金额必须向海关申报。应反洗钱的要求,这类货币正在增加。我国收兑的钞票中,美元、欧元、加拿大元、英镑、澳大利亚元、日元、挪威克朗、菲律宾比索等货币属于此类。

(3)进境自由,出境有限制。这是指对本国货币出境有一定的限制、进境无限制。此类货币大约有20多种。这主要是外汇储备并不富裕的国家。在我国收兑的货币中，泰铢属于这一类。

（4）出入境均有限制。这一类货币大约有80多种，多属于外汇管制的国家。由于进境受到限制，所以收兑这类货币可能会有一定的麻烦，有些只能按托收方式处理。

（5）禁止出境。此类货币大约有30多种。由于这类钞票出境属于违法，因此各国一般都不会收兑。

以上五种类型中，前三种由于对货币的回流没有限制，属于自由兑换货币，后两种属于非自由兑换货币。但实际上大多数国家一般都根据本国的情况，选择收兑范围，因为即使是自由兑换钞票，在收兑中也可能会承担其他风险，如一国对外币管理政策的变化等，每个国家会根据国家之间的关系，以及自身贸易、旅游的情况，选择可以兑换的钞票。另一个影响货币兑换的因素就是兑换成本，由于钞票处理成本较高，各银行可能会选择兑换钞票。比如，不同面额的货币处理成本不同，在兑换货币的选择上也会不同，或者会有不同的兑换价格，因此，各国对小面额的货币会尽量少收兑，这主要是从成本角度考虑的。对于辅币，由于处理成本太高，大多数国家都不兑换，我国也在大约10年前停止了外币辅币的收兑。

各国货币的票面结构是根据人们在使用货币时的习惯而确定的，经过多年的经验积累，绝大多数国家都认同了1-2-5-10的票面结构，为了更简便，也有的直接选择1-5-10的结构，目前大约95%以上的国家货币都选择这样的结构；有少数国家选择1-2.5-5-10的结构，更少的国家选择了1-3的结构。

五、人民币基础认知

我国的法定货币是人民币。《中华人民共和国中国人民银行法》（以下简称《中国人民银行法》）第二章第十六条规定："中华人民共和国的法定货币是人民币。"人民币制度是一种纸币本位制。第一套人民币于1948年12月1日由中国人民银行开始发行，这标志着中国人民币制度开始建立。随着社会主义制度的建立和社会经济的不断发展，人民币制度逐步完善。1955年3月1日，中国人民银行开始发行第二套人民币；1962年4月15日，中国人民银行开始发行第三套人民币；1987年4月27日，中国人民银行开始发行第四套人民币；1999年10月1日，中国人民银行开始发行第五套人民币。

课堂训练2-1

人民币的主币单位为"元"（人民币元，Ren Min Bi Yuan，简写"RMB"），人民币辅币单位为"角"和"分"，人民币简写符号为"￥"，人民币国际货币符号为"CNY"。人民币没有规定法定含金量，它执行价值尺度、流通手段、支付手段等职能。

目前，市场上流通的人民币共有13种券别，分别为1分、2分、5分、1角、2角、5角、1元、2元、5元、10元、20元、50元、100元，形成主辅币三步进位制，即1元=10角=100分。人民币按照材料的自然属性，分为金属币（亦称硬币）、纸币（亦称钞票）两种，无论纸币、硬币，均等价流通。目前，市场上流通的人民币以第五套人民币为主。

人民币是一种信用货币。所谓信用货币制度，是指以不兑换黄金的信用货币——纸币为本位币的货币制度，就是国家用法律规定的形式，由中央银行发行不兑现的信用货币作为一国唯一合法通货的货币制度。

信用货币制度具有以下特点：

（1）流通中的货币都是信用货币，金银不再作为货币进入流通；

（2）信用货币由中央银行垄断发行，并由国家法律赋予无限法偿能力；

（3）信用货币的发行量不受黄金准备的限制，取决于货币管理当局实施货币政策的需要；

（4）信用货币都是通过银行信用程序投入流通领域的，通过银行信用的扩张或收缩可以调节货币流通量；

（5）中央银行对货币流通的调节日益成为国家对宏观经济调控的一个重要手段。

拓展阅读 2-1

数字货币

一、数字货币的定义以及与电子货币、虚拟货币的区别

数字货币在我国是指数字化人民币，是一种法定加密数字货币，其本身是货币，而不仅仅是支付工具。它与支付宝、微信支付具有本质上的不同。支付宝、微信支付和手机银行等其实都是电子货币，并非数字货币。这些都是基于电子账户实现的支付方式，本质上只是一种现有法定货币的信息化过程，还不是严格意义上的数字货币。

此外，它跟Q币、比特币相比也完全不同。平常所说的Q币、比特币，这些都属于虚拟货币，与数字货币相比最根本的区别在于发行者的不同。虚拟货币是非法币的电子化，发行者不是央行，而且也只能在特定的虚拟环境中流通，比如腾讯Q币以及其他的游戏币等；而数字货币可以被用于真实的商品和服务交易，但只有国家发行的数字货币才是法定数字货币，比特币是非法定数字货币。

二、数字货币的优势及发展趋势

相比于纸币，数字货币的优势明显，其不仅能节省发行和流通所带来的成本，还能提高交易或投资的效率，提升经济交易活动的便利性和透明度。由央行发行数字货币还保证了金融政策的连贯性和货币政策的完整性，对货币交易安全也有保障。

2019年8月2日，央行在2019年下半年工作电视会议上表示，将加快推进法定数字货币的研发步伐。8月10日，时任央行支付结算司副司长穆长春在"中国金融四十人伊春论坛"上表示，"央行数字货币可以说是呼之欲出了"。8月18日，中共中央、国务院发布《关于支持深圳建设中国特色社会主义先行示范区的意见》，提到支持在深圳开展数字货币研究等创新应用。

2020年11月3日，《中共中央关于制定国民经济和社会发展第十四个五年规划和二〇三五年远景目标的建议》发布，其中强调要建设现代中央银行制度，完善货币供应调控机制，稳妥推进数字货币研发，健全市场化利率形成和传导机制。

2020年，法定数字货币发展再度提速，逐步在四大国有商业银行、"4+1"试点地区（深圳、苏州、雄安、成都和冬奥会）进行内测。

2024年，数字人民币试点地区再度扩容，增加了多个省份和城市。截至2024年12月底，数字人民币全国试点地区包括：北京、深圳、苏州、成都、上海、长沙、海南、青岛、大连、西安、天津、重庆、广州、福州、厦门、杭州、宁波、温州、湖州、绍兴、金华、济南、南宁、防城港、昆明、西双版纳傣族自治州、广东省、江苏省、河北省、四川省等。

随着数字货币的逐渐发行和流通，纸币已被一些专业人士看成"上一代的货币"，被新技术、新产品取代是大势所趋。有人预测，数字货币和现金在相当长时间内都会是并行、逐步替代的关系。数字货币时代真正到来时，人们身上带的现金会越来越少，旅行越来越安全，扶贫越来越精准，腐败越来越难以遁形，而小偷也越来越难当。

资料来源：佚名. 数字货币发展进入新阶段 我国面临各方挑战［EB/OL］.［2021-04-10］. https: //baijiahao.baidu.com/s? id=1696647361404060109&wfr=spider&for=pc.有调整。

实践训练

一、实训内容

以小组为单位讨论以下话题：

1.货币各种形态的演进有何内在规律？流通了几千年的金属货币被钞票和存款货币所取代，为什么是历史的必然？

2.货币是不是最终要消亡？

3.就你在生活中的体验，说明货币的各种职能以及它们之间的关系。

二、实训目标

通过小组讨论，使学生较为深刻地认识货币这一经济范畴的本质和货币制度的演进。

三、实训考核

根据小组交流、互评和课堂汇报情况给予评分。

任务二 人民币真假鉴别

任务导入

假币的泛滥会造成国家经济的不稳定，甚至酿成经济和社会危机。制售假币，以非法手段剥夺和占有国民财富，干扰了货币流通的正常秩序，破坏了社会信用原则，侵蚀着国民经济的健康，成为社会经济生活中的毒瘤。金融机构营业人员每天都会接触大量的现钞，鉴别人民币的真假成为柜员的必备技能。

知识要点

一、人民币一般防伪措施

人民币集中体现了当前我国最先进的印刷技术，采用了印刷专业纸张、水印、凹印、安全性、对印、多条接线、磁性油墨等多重防伪措施。

1.纸质

印制人民币的纸张原料主要是棉纤维和高质量木浆，在造纸过程中不加荧光增白剂，在紫外光下无荧光反应，其特点是用料讲究，工艺特殊，预置水印。例如，第五套人民币的100元券、50元券、20元券、10元券，在票面上均可看到纸张中有红、蓝彩色纤维。

2.水印

水印是钞票纸在抄造过程中通过丝网的变化所形成的图案、文字，具有灰度清晰、层次分明、立体感强的特点。水印按其在票面的分布情况，分为固定水印、半固定位置连续水印和满版水印；按其透光性，分为多层次水印、白水印和黑水印。人民币的水印有固定水印、白水印和满版水印等。固定水印是指在钞票上某一固定位置的水印，迎光透视，立体感很强。白水印是一种迎光透视、透光性很强的图案。满版水印是指整张钞票上都散布有水印，如第三套人民币1元券、2元券、5元券（目前已停止流通）。

3.制版

人民币的制版除使用我国传统的手工制版外，还采用了多色套版印制钞票图纹的胶印和凹印接线技术，以及正背面图案高精度对印技术。对印技术是指钞券在印制过程中，正背面同一部位分别印有花纹或图案，迎光透视两面花纹或图案完全重合或互补，它是通过胶印一次印刷完成的，具有较强的防伪功能。例如，第五套人民币100元券、50元券正面上方图案，20元券正面右侧下方及背面图案，10元券正面上方胶印图案，多处印有胶印缩微文字。

4.油墨

印制人民币使用的是特殊配方油墨。使用这种油墨印制的多次套版人民币色泽鲜艳、色调协调、层次清晰，在大额人民币上还采用了无色荧光油墨、磁性油墨、光变油墨面额数字、隐性面额数字等主动防伪技术。

应用荧光油墨的钞票，在普通光下无任何反应，而在紫外光灯下，不同颜色的荧光油墨会有不同颜色的反光。荧光油墨分有色荧光油墨和无色荧光油墨。例如，1999年版、2005年版第五套人民币100元纸币的有色荧光油墨印刷是位于票面背面主景上方椭圆形图案中的红色线纹，在特定波长的紫外光下显现橘黄色荧光图案；1999年版、2005年版第五套人民币50元纸币的有色荧光油墨印刷图案是位于票面背面主景上、下胶印图纹中的黄绿色线纹，在特定波长的紫外光下显现黄色荧光图案；应用磁性油墨的钞票，使应用部分具有磁性，便于机器识别，应用光变油墨的钞票，具有这种油墨的部分，变换视角，颜色会发生变化。

5.印刷

人民币印刷采用了较为先进的凹版印刷技术，油墨厚，用手触摸有凹凸感，防伪性能强。例如，第四套人民币中1元券以上的主币及第五套现已发行的人民币，正面人像、行名、国徽、面额、花边、盲文等，背面拼音行名、主景、面额、少数民族文字、行长章等，均采用了凹版印刷技术。

6.安全线

安全线是在纸张的抄造过程中直接加入的，成为钞纸结构的组成部分。目前所用的安全线有不透明塑料线、荧光线、缩微印刷线。其种类可分为封闭式安全线和开窗式安全线两种。人民币使用了金属安全线、缩微文字安全线、开窗式安全线等防伪技术。开窗式安全线是指安全线一段一段地露于钞票的表面，看起来不连贯，但用荧光一照是连在一起的，组成一条完全的安全线。例如，1999年版第五套人民币10元券使用全息磁性开窗安全线，20元券使用明暗相间的安全线，50元券、100元券使用磁性缩微文字安全线，增加了人民币的主动防伪功能。

二、假人民币的类型

假人民币是指仿照真人民币纸张、图案、水印制作的伪币。假人民币包括伪造币和变造币两种。

1.伪造币

伪造币是指仿照真币的图案、形状、色彩等采用各种手段制作的假币。伪造币的种类主要有机制假币、拓印假币、彩色复印假币、手工描绘或手工刻版印制的假币、照相假币和铸造假币。

2.变造币

变造币是指在真币的基础上或以真币为基本材料，利用挖补、揭层、涂改、拼凑、移位、重印等多种方法制作，使其改变形态的假币。变造币主要有剪贴变造币和揭页变造币两种。

三、人民币的真假鉴别方法

真假钞票的鉴别方法主要有直观对比法、仪器识别法、特殊分析法三种。

（一）直观对比法

从对比的形式上，可以把直观对比法概括为眼看、手摸、耳听三种方法。

1.眼看

观察票面的水印、安全线、光变油墨、票面图案、凹印部位图案、胶印缩微文字、隐形面额数、对印图案、有色纤维等。

一看水印。看钞票的水印是否清晰，有无层次和浮雕的效果。第五套人民币各券别纸币的固定水印位于票面正面左侧的空白处，迎光透视，可以看到立体感很强的水印。100元券、50元券的固定水印为毛泽东头像图案，月季花、水仙花花卉图案。

二看安全线。第五套人民币纸币在各券别票面正面中间偏左均有一条安全线。100元、50元纸币的安全线迎光透视，分别可以看到缩微文字"RMB100"

"RMB50"，仪器检测均有磁性；20元纸币迎光透视，是一条明暗相间的安全线；10元、5元纸币安全线为全息磁性开窗式安全线，即安全线局部埋入纸张中，局部裸露在纸面上，开窗部分分别可以看到由微缩字符"￥10""￥5"组成的全息图案，仪器检测有磁性。

三看光变油墨。第五套人民币100元券和50元券正面左下方的面额数字采用了光变油墨印刷。将垂直观察的票面倾斜到一定角度时，100元券的面额数字会由绿色变为蓝色，50元券的面额数字则会由金色变为绿色。

四看票面图案。看票面图案是否清晰，色彩是否鲜艳，对接图案是否可以对接上。第五套人民币纸币的阴阳互补对印图案应用于100元券、50元券和10元券中。这三种券别的正面左下方和背面右下方都印有一个圆形局部图案，迎光透视，两幅图案准确对接，组合成一个完整的古钱币图案。

五看凹印部位图案。看凹印部位图案是否均由点线构成。雕刻凹版印刷技术被广泛应用于第五套人民币的毛泽东头像、中国人民银行行名、面额数字、盲文标记等处。其特点是图文线条精细、层次丰富、立体感很强，用手触摸有明显的凹凸感。

六用放大镜看。用5倍以上的放大镜观察票面，看图案线条、缩微文字是否清晰干净。真币的花纹、线条粗细均匀，图案清晰，色彩鲜艳，颜色协调，层次分明；而假币则线条凌乱，粗细不一，图案色彩层次暗淡不清，水印呆板、失真、模糊、无立体感。

第五套人民币纸币各券别正面胶印图案中，多处印有缩微文字，在各券别纸币背面也有该防伪措施。100元、50元券缩微文字分别为"RMB100""RMB50"。

2.手摸

用手触摸凹印人像、行名、大面额数字、盲文面额标记等，真钞线纹光洁，凹凸感明显。

一摸人像、盲文点、中国人民银行行名等处是否有凹凸感。第五套人民币纸币各券别正面主景均为毛泽东头像，采用手工雕刻凹版印刷工艺，形象逼真、传神，凹凸感强，易于识别。

二摸纸币是否薄厚适中，挺括度是否良好。

3.耳听

用手甩、弹、抖，使钞票纸发出声音，钞票专用纸张发出的声音清脆，与伪钞使用的民用纸张有明显不同。如手持钞票用力抖动、手指轻弹或两手一张一弛轻轻对称拉动，真钞能听到清脆响亮的声音；而假币由于制造设备落后，印刷的光洁度、挺括度都不如真币好，因此声音比较沉闷。

在直观对比法中，当用眼看、手摸、耳听等方法发现了可疑票币，但仍不能确定其真伪时，还可用票样与可疑票币局部图案、花纹对比，从纸质、墨色、印刷技术等方面进行对比或者用尺量，假币的长度和宽度通常小于真币。

用直观比较法识别人民币的真伪，也可通过对比真假人民币的主要特征来进行。

（二）仪器识别法

仪器识别法是指用5～10倍的放大镜观察缩微文字、接线、图案颜色；用专用验钞仪检测荧光纤维、荧光油墨的荧光反应；用磁性检测仪检测磁性号码、磁性安全线等部位的磁性特征。

（三）特殊分析法

特殊分析法是指通过专用设备分析纤维成分、油墨成分等方法鉴定钞票真伪。

课堂训练2-2

四、第五套人民币2005年版100元券的鉴别

第五套人民币纸币采用了多种防伪技术，主要有：固定图案（人物、花卉）水印、磁性安全线、手工雕刻头像、隐形面额数字、胶印缩文字、光变油墨面额数字、阴阳互补对印图案、雕刻凹版印刷、双色异形横号码等。

（一）票面特征

票面主色调为红色，票幅长155毫米，宽77毫米。票面正面主景为毛泽东头像，左侧为"中国人民银行"行名、阿拉伯数字"100"、面额"壹佰圆"和椭圆形花卉图案。票面左上角为中华人民共和国"国徽"图案，票面右下角为盲文面额标记。票面背面主景为"人民大会堂"图案，左侧为人民大会堂内圆柱图案。票面背面右上方为"中国人民银行"的汉字拼音字母和蒙、藏、维、壮四种民族文字的"中国人民银行"字样和面额。正面主景图案右侧为凹印手感线，左侧中间处为胶印对印图案；左下角为光变油墨面额数字和白水印面额数字，其上方为双色异形横号码。背面主景图案下方为面额数字和汉语拼音"YUAN"；右侧中间处为胶印对印图案；年号为"2005年"（见图2-1）。

1.固定人像水印   2.胶印缩微文字   3.全息磁性开窗安全线   4.胶印对印图案   5.手工雕刻头像   6.隐形面额数字   7.光变油墨面额数字   8.白水印   9.雕刻凹版印刷   10.双色异形横号码   11.凹印手感线

3.全息磁性开窗安全线

4.胶印对印图案

9.雕刻凹版印刷

图2-1　第五套人民币2005年版100元券的票面特征

（二）防伪特征

对照图2-1，第五套人民币2005年版100元券的防伪特征如下：

1.固定人像水印

位于票面正面左侧空白处，迎光透视，可见与主景图像相同、立体感很强的毛泽东头像水印（见图2-2）。

图2-2　固定人像水印

2.胶印缩微文字

票面正面上方椭圆形图案中，多处印有胶印缩微文字，在放大镜下可看到"RMB"和"RMB100"字样（见图2-3）。

图2-3　胶印缩微文字

3.全息磁性开窗安全线

钞票背面中间偏右，有一条开窗安全线，开窗部分可以看到由缩微字符"￥100"组成的全息图案，仪器检测有磁性（见图2-4）。

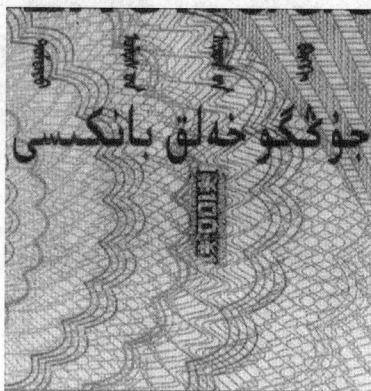

图2-4　全息磁性开窗安全线

4.胶印对印图案

票面正面左侧中间处和背面右侧中间处均有一圆形局部图案，迎光观察，正背面图案重合并组合成一个完整的古钱币图案（见图2-5）。

图2-5　胶印对印图案

5.手工雕刻头像

票面正面主景毛泽东头像，采用手工雕刻凹版印刷工艺，形象逼真、传神，凹凸感强，易于识别（见图2-6）。

图2-6　手工雕刻头像

6.隐形面额数字

票面正面右上方有一装饰性图案，将票面置于与眼睛接近平行的位置，面对光源做上下倾斜晃动角，可以看到面额数字"100"字样（见图2-7）。

图2-7 隐形面额数字

7. 光变油墨面额数字

票面正面左下角"100"字样，与票面垂直角度观察为绿色，倾斜一定角度则变为蓝色（见图2-8）。

图2-8 光变油墨面额数字

8. 白水印

位于正面双色异形横号码下方，迎光透视，可以看到透光性很强的水印"100"字样。

9. 雕刻凹版印刷

票面正面主景毛泽东头像、中国人民银行行名、盲文及背面主景人民大会堂等均采用雕刻凹版印刷，用手指触摸有明显凹凸感（见图2-9）。

图2-9 雕刻凹版印刷

10. 双色异形横号码

票面正面左下角印有双色异形横号码，左侧部分为暗红色，右侧部分为黑色。字符由中间向左右两边逐渐变小（见图2-10）。

图2-10　双色异形横号码

11.凹印手感线

正面主景图案右侧有一组自上而下规则排列的线纹，采用雕刻凹版印刷工艺印制，用手指触摸，有极强的凹凸感（见图2-11）。

图2-11　凹印手感线

五、第五套人民币2015年版100元券的鉴别

央行于2015年11月12日起发行2015年版第五套人民币100元纸币。新版百元钞票与同面额流通人民币等值流通，其防伪性明显提升，因票面正面增加金色数字"100"，而被网友称作"土豪金版人民币"。

（一）2015年版人民币100元券防伪升级

2015年版人民币100元券在保持2005年版纸币规格、正背面主图案、主色调、"中国人民银行"行名、国徽、盲文和汉语拼音行名、民族文字等不变的前提下，对部分图案做了适当调整，对整体防伪性能进行了提升。

从正面图案来看，票面中部增加光变油墨面额数字"100"，其下方团花中央花卉图案调整为紫色；取消左下角光变油墨面额数字，调整为胶印对印图案，其上方为双色异形横号码；正面主景图案右侧增加光变镂空开窗安全线和竖号码；右上角面额数

字由横排改为竖排，并对数字样式进行了调整。

从背面图案来看，票面年号改为"2015年"；取消了右侧全息磁性开窗安全线和右下角防复印图案；调整了面额数字样式、票面局部装饰图案色彩和胶印对印图案及其位置。

第五套人民币2015年版100元券的正面和背面分别见图2-12和图2-13。

图2-12　第五套人民币2015年版100元券正面图示

图2-13　第五套人民币2015年版100元券背面图示

为何当时要发行新版100元人民币？央行表示，2005年版第五套人民币100元纸币发行已有10年。这10年期间，一些不法分子不断利用新技术来伪造人民币，给公众识别带来了困难。为了更好地保护人民币持有人的利益，需要根据科学技术的发展，不断提高钞票的防伪技术和印制质量。

（二）2015年版人民币100元券的防伪特征

1.光变镂空开窗安全线

这条宽4毫米的安全线位于钞票正面右侧，相当显眼，当观察角度由直视变为斜视时，安全线颜色由品红色变为绿色；透光观察时，可见安全线中正反交替排列的镂空文字"￥100"（见图2-14）。

图2-14 防伪标识一：光变镂空开窗安全线

2.光彩光变数字

在钞票正面中部印有光彩光变数字"100"，垂直观察票面，数字"100"以金色为主；平视观察，数字"100"以绿色为主。随着观察角度的改变，数字"100"颜色在金色和绿色之间交替变化，并可见到一条亮光带在数字上下滚动（见图2-15）。

图2-15 防伪标识二：光彩光变数字

3.人像水印

人像水印位于钞票正面左侧空白处。透光观察，可见毛泽东头像（见图2-16）。

图2-16 防伪标识三：人像水印

4.胶印对印图案

在钞票正面左下方和背面右下方，两面都有数字"100"的局部图案。透光观察，正背面图案就可以组成一个完整的面额数字"100"（见图2-17）。

图2-17 防伪标识四：胶印对印图案

5.横竖双号码

钞票正面左下方采用横号码，其冠字和前两位数字为暗红色，后六位数字为黑色，右侧竖号码为蓝色（见图2-18）。

图2-18 防伪标识五：横竖双号码

6.白水印

白水印位于钞票正面横号码下方。透光观察，可以看到透光性很强的水印面额数字"100"（见图2-19）。

图2-19 防伪标识六：白水印

7.雕刻凹印

钞票正面毛泽东头像、国徽、中国人民银行行名、右上角面额数字、盲文及背面人民大会堂等均采用雕刻凹印印刷，用手指触摸有明显的凹凸感（见图2-20）。

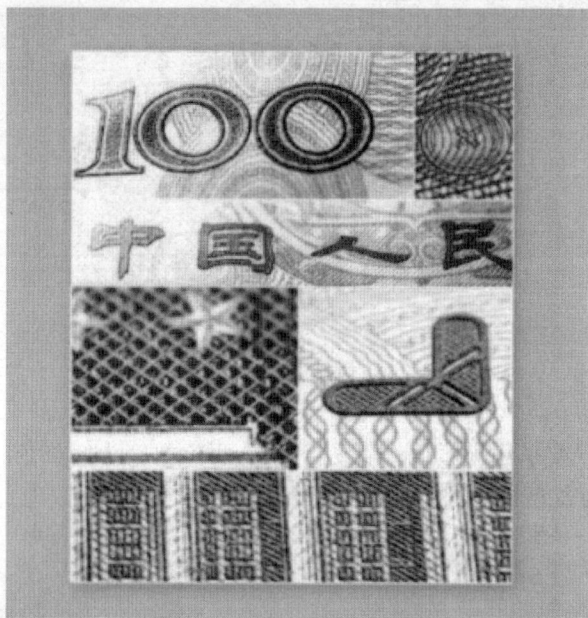

图2-20 防伪标识七：雕刻凹印

工匠风采

大国工匠：他们是人民币印制背后的功臣！

在中国印钞造币总公司技术中心，有这样一个团队，他们设计雕刻了中国正在使用的第五套人民币的原版。正是这种独特的设计和雕刻，构成了人民币上那些核心的防伪技术。那么第五套人民币有哪些防伪技术？这些防伪技术又是怎样设计和雕刻出来的呢？

孔维云是中国印钞造币总公司技术中心设计雕刻室主任，是著名的人民币雕版大师。第五套人民币印刷的原版设计版样就诞生在他的工作室里。

孔维云团队的雕刻师们每天的工作就是一把刻刀、一块钢板，所有的创作、所有的构思，都是用刀在钢板上一下一下地呈现出来的。一捆捆的人民币虽然是印刷品，但是内含了很多高科技防伪措施，也正是这些防伪措施，让普通印刷厂无法印制。可以说，第五套人民币纸币的核心技术和防伪技术，就掌握在他们的手里。这些防伪措施的最终实现，得益于孔维云的团队人员独特的凹版雕刻技术。

其实雕刻师是拿着雕刻刀在钢板上进行雕刻，这个钢板再软，也是比较硬的，雕刻刀本身要磨得很锋利，磨得很尖，这样在刻的时候，才不至于跑刀。用雕刻刀刻的时候，一定要心静。凹版雕刻有一个特点，即不允许出现任何偏差，如果中间任何一个点或一条线刻坏了，之前的努力就都白费了，必须推倒重来。雕刻专业难度非常高，培养一个合格的雕刻师，至少需要十年时间。要想有所成就，首先要有一颗耐得住寂寞的匠心。

孔维云和他的团队成员仍然在忙碌着，他们正在做的，是对未来人民币的思考。在外人看来，他们的工作神圣而又神秘，但真实雕刻大师们每天做的，就是一点一线地雕刻。正是由于这种静下心来的创作，以及严肃、认真的工匠精神，人民币才有了经得起全国人民检验的无瑕与完美。

　　资料来源：CCTV4走遍中国栏目组. 大国工匠：他们是人民币印制背后的功臣！［EB/OL］.［2017-05-15］. http://static.nfapp.southcn.com/content/201705/25/c445146.html. 经过改编。

　　启示：

　　高等职业教育阶段是培养工匠精神的关键期，通过以上案例让学生领悟工匠精神的内涵，更好地理解何为工匠精神，潜移默化地影响学生的人生观、世界观，形成严谨负责、精益求精的职业态度，为未来社会发展培养大批具有工匠精神的技能型人才。

实践训练

一、实训内容

以小组为单位完成以下任务：

1.准备第五套人民币2005年版100元券、50元券各一张，分别找到100元券、50元券的10个鉴别特征。

2.比较2015年版100元券与2005年版100元券，分析2015年版100元券的升级措施。

二、实训目标

通过实践活动，使学生较为深刻地掌握人民币真假鉴别方法。

三、实训考核

根据小组交流、互评和课堂汇报情况给予评分。

任务三　发现假币的处理

任务导入

　　发现假币的处理是一项政策性、技术性很强的工作。假币是指伪造、变造的货币。金融机构在办理业务时发现假币时该如何处理？假币能退还给客户吗？假币收缴后该如何保管？什么情况下需要报告给公安机关？这些正是本任务要学习的内容。

知识要点

一、相关规定

2000年5月1日起施行的《中华人民共和国人民币管理条例》（以下简称《人民币管理条例》）对如何处理假币做出了规定。

《人民币管理条例》明确了有权没收假币的行政机关，其第三十二条规定："中国人民银行、公安机关发现伪造、变造的人民币，应当予以没收，加盖'假币'字样的戳记，并登记造册；持有人对公安机关没收的人民币的真伪有异议的，可以向中国人民银行申请鉴定。公安机关应当将没收的伪造、变造的人民币解缴当地中国人民银行。"

《人民币管理条例》第三十三条规定："办理人民币存取款业务的金融机构发现伪造、变造的人民币，数量较多、有新版的伪造人民币或者有其他制造贩卖伪造、变造的人民币线索的，应当立即报告公安机关；数量较少的，由该金融机构两名以上工作人员当面予以收缴，加盖'假币'字样的戳记，登记造册，向持有人出具中国人民银行统一印制的收缴凭证，并告知持有人可以向中国人民银行或者向中国人民银行授权的国有独资商业银行的业务机构申请鉴定。对伪造、变造的人民币收缴及鉴定的具体办法，由中国人民银行制定。办理人民币存取款业务的金融机构应当将收缴的伪造、变造的人民币解缴当地中国人民银行。"

金融机构是指商业银行、城乡信用社、邮政储蓄的业务机构。

中国人民银行授权的鉴定机构是指具有货币真伪鉴定技术与条件，并经中国人民银行授权的商业银行业务机构。

中国人民银行及其分支机构对假币收缴、鉴定实施监督管理，由中国人民银行负责解释。

二、反假币处理流程

营业机构临柜人员发现可疑纸币时，应在持有人视线范围内，由两名及以上持有"反假货币上岗资格证书"的业务人员鉴别真伪，经鉴别为假币的应当面予以收缴。[①]

（一）告知、盖章

营业机构临柜人员发现假币时应立即告知假币持有人（交存现金的单位和个人），并由两名柜员当面鉴定无误后，在假人民币纸币的正面水印窗处竖向加盖蓝色油墨的"假币"戳记，在背面正中位置横向加盖蓝色油墨的"假币"戳记。加盖的"假币"戳记要清晰、完整。对假外币纸币及各种硬币，应当面装入统一格式的"收缴假币专用封装袋"，在封口处加盖蓝色油墨的"假币"戳记，并在专用袋上标明币种、券别、面额、张（枚）数、冠字号码、收缴人、复核人名章等细项。严禁在假外币纸币上加盖"假币"戳记。

（二）开具凭证

收缴假币的营业机构经办人员应在持有人视线范围内，填写中国人民银行统一格式的"假币收缴凭证"（以下简称"凭证"）。"凭证"的各项要素应清楚、完整，具体包括：

（1）编号，是指营业机构自行编制的流水号；

（2）币种，填写人民币或可兑换外币名称（如人民币、美元、日元等）；

（3）券别，填写假币的面额（如￥100.00、￥50.00等）；

（4）版别，填写被收缴假币的年号（以人民币100元为例，分为1999年版、1998

年版、2005年版，具体视实际收缴实物为准）；

（5）假币来源，填写持有人假币的来源；

（6）制作方法，指假币的伪造和变造方法，包括机制、复印、拓印、挖补、手工绘制等。

（三）登记、保管

营业机构应对收缴的假币实物进行单独管理，建立假币收缴代保管登记簿，并于每季末上缴中国人民银行当地分支行。

（四）告知权利

营业机构应告知持有人具有以下权利："凭证"是持有人主张权利的依据，若持有人对被收缴货币的真伪存有异议，可以自收缴之日起3个工作日内持该"凭证"直接或通过收缴单位向中国人民银行当地分支机构或中国人民银行授权的当地鉴定机构提出书面鉴定申请。持有人对假币收缴的程序有异议，可在收到"凭证"之日起60个工作日内持该"凭证"到直接监管的中国人民银行分支机构申请复议，或依法提起行政诉讼。

课堂训练2-3

（五）假币报告制度

金融机构在办理假币收缴业务过程中遇到以下情况，应立即报告上级会计部门、当地公安机关和中国人民银行当地分支机构：一次性发现假人民币20张（枚）及以上的；一次性发现假外币10张（枚）及以上的；属于利用新的造假手段制造的假币或新版假币的；有制造贩卖假币线索的；假币持有人不配合收缴行为的；若中国人民银行有另行要求的按其要求执行。

对收缴的人民币纸币经鉴定为真币的，网点应从鉴定机构取回并按面额兑换完整券退还持有人，同时收回持有人的"凭证"，盖有假币印章的人民币纸币按损伤人民币处理；对收缴的人民币纸币经鉴定为假币而被鉴定机构没收的，各网点应向鉴定机构取得"货币真伪鉴定书"和"假人民币没收收据"。

对发现的变造币应按程序收缴，不得予以兑换。

营业机构工作人员可向持有人讲解假币特征和相关的法律规定，在任何情况下，都不得让持有人再接触到被收缴的假币。

三、假币实物登记、保管及解缴

营业机构应严格假币实物管理，防止盖有"假币"印章的假币再次流入社会；如有发现，应予以收缴并立即上缴中国人民银行当地分支机构，同时对造成假币再流通的相关人员按规定进行处罚。

各营业机构应建立手工"假币收缴代保管登记簿"并妥善保管，登记簿以"凭证"为记载依据，记载原则为：

（1）按收缴顺序逐笔、分版别和券别及时登记，不得隔日登记；

（2）假币实物发生增减必须登记，做到账实相符；

（3）臆造币应单独登记（臆造币不纳入统计金额）；

（4）各营业机构不得以自行建立的电子登记簿等形式替代"假币收缴代保管登记簿"。

营业机构对收缴的假币实物应单独入库（柜、箱）管理，"假币收缴代保管登记簿"和假币实物应双人分管，做到每日账实相符。

按中国人民银行规定的时间和要求，统一将收缴的假币解缴到中国人民银行当地分支机构。

上缴假币实物时，应填制一式三联的"假币解缴清单"，连同假币实物双人解缴到中国人民银行。"假币解缴清单"的填写要求如下：

（1）假人民币按版别分别填写，各版别的假人民币不得填写在同一张"假币解缴清单"上；

（2）假外币按币种分别填写，不同币种的假外币不得填写在同一张"假币解缴清单"上；

（3）假人民币和假外币不得填写在同一张"假币解缴清单"上。

营业机构监控录像资料保存期应在60个工作日内，对已经使用过的"凭证"应定期进行装订保管，档案保管期限为5年。

假币收缴基本流程见图2-21。

图2-21 假币收缴基本流程图

✓ 小知识 2-1 --

《中华人民共和国刑法》第一百七十条规定："伪造货币的，处三年以上十年以下有期徒刑，并处罚金。有下列情形之一的，处十年以上有期徒刑或无期徒刑，并处罚金或者没收财产：（一）伪造货币集团的首要分子；（二）伪造货币数额特别巨大的；（三）有其他特别严重情节的。"第一百七十二条规定："明知是伪造的货币而持有、使用，数额较大的，处三年以下有期徒刑或者拘役，并处或者单处一万元以上十万元以下罚金；数额巨大的，处三年以上十年以下有期徒刑，并处二万元以上二十万元以下罚金；数额特别巨大的，处十年以上有期徒刑，并处五万元以上五十万元以下罚金或者没收财产。"第一百七十三条规定："变造货币，数额较大的，处三年以下有期徒刑或者拘役，并处或者单处一万元以上十万元以下罚金；数额巨大的，处三年以上十年以下有期徒刑，并处二万元以上二十万元以下罚金。"

实践训练

一、实训内容

以小组为单位完成以下任务：

1.结合本任务的内容，制作商业银行柜台反假币电子宣传材料，要求结合图片材料，字数在 1 000 字左右。

2.利用周末时间，到某个商业银行参观反假币宣传展板，了解银行反假币工作的具体内容。

二、实训目标

通过实践活动，使学生熟悉商业银行反假币工作的制度规范和处理流程。

三、实训考核

根据宣传材料完成情况给予评分。

任务四　残缺、污损人民币的处理

任务导入

若钞票在日常使用的过程中已经毁坏一部分，一般在市面上是不能使用的。那么，持有这种钞票的人是否就有很大的损失？银行是否应该接受兑换？如果可以兑换，银行工作人员应该按照什么标准进行兑换？兑换的规定是怎样的？毁坏人民币是犯法的吗？这些正是本任务要学习的内容。

知识要点

为维护人民币信誉，保护国家财产安全和人民币持有人的合法权益，确保人民币正常流通，根据《中国人民银行法》和《人民币管理条例》，中国人民银行制定了《中国人民银行残缺污损人民币兑换办法》（中国人民银行令〔2003〕第 7 号），并于2004 年 2 月实施。本办法对残缺、污损人民币的概念及兑换办法等进行了详细的规定。

一、什么是残缺、污损人民币

残缺、污损等不宜流通的人民币由金融机构进行挑剔之后缴存到中国人民银行，中国人民银行再进行清点和销毁处理，并以新钞来代替它，保持社会上流通人民币的整洁度，维护国家人民币的形象。

（一）残缺、污损人民币的概念

残缺、污损人民币是指票面撕裂、损缺，或因自然磨损、侵蚀，外观、质地受损，颜色变化，图案不清晰，防伪特征受损，不宜再继续流通使用的人民币。

（二）特殊残缺、污损人民币

特殊残缺、污损人民币是指票面因火灾、虫蛀、鼠咬、霉烂等特殊原因，造成外观、质地、防伪特征受损，纸张炭化、变形，图案不清晰，不宜再继续流通使用的人民币。

特殊残缺、污损人民币剩余面积是指票面图案、文字、纸张能按原样连接的实物面积，包括与票面原样连接的碳化、变形部分。不能按原样连接的部分，不作为票面剩余面积计算。

二、残缺、污损人民币挑剔标准

根据相关金融行业标准的规定，下列货币不再在市场流通，各金融机构应该做好兑换、挑剔与回收工作：

课堂训练2-4

（1）纸币票面缺少面积在20平方毫米以上的。

（2）纸币票面裂口2处以上，长度每处超过5毫米的；裂口1处，长度超过10毫米的。

（3）纸币票面有纸质较绵软，起皱较明显，脱色、变色、变形，不能保持其票面防伪功能等情形之一的。

（4）纸币票面污渍、涂写字迹面积超过2平方厘米的；不超过2平方厘米，但遮盖了防伪特征之一的。

（5）硬币有穿孔，裂口，变形，磨损，氧化，文字、面额数字、图案模糊不清等情形之一的。

三、残缺、污损人民币如何正确兑换

自2004年2月1日起，中国人民银行对残缺人民币实行新的兑换办法。《中国人民银行残缺污损人民币兑换办法》规定，残缺、污损人民币兑换分"全额""半额"两种情况：

（1）能辨别面额，票面剩余3/4（含3/4）以上，其图案、文字能按原样连接的残缺、污损人民币，金融机构应向持有人按原面额全额兑换。

（2）能辨别面额，票面剩余1/2（含1/2）至3/4以下，其图案、文字能按原样连接的残缺、污损人民币，金融机构应向持有人按原面额的一半兑换。

（3）纸币呈正十字形缺少1/4的，按原面额的一半兑换。

（4）兑换残缺、污损人民币，要求票面至少剩余1/2，少于1/2则无法兑换。

新办法做出了"纸币呈正十字形缺少1/4的，只能兑换半额"的新规定。另外，取消对原来因遭火灾、虫蛀、鼠咬、霉烂等特殊原因形成的残缺、污损人民币的兑换标准的单独规定。

四、金融机构有责任无偿兑换

根据规定，凡办理人民币存取款业务的金融机构应无偿为公众兑换残缺、污损人民币，不得拒绝兑换。因此，如果有需要，可以到任何一家商业银行营业网点进行兑换。如遇到拒绝兑换的情况，可向中国人民银行投诉。

在办理残缺、污损人民币兑换业务时，金融机构应向残缺、污损人民币的持有人说明认定的兑换结果，并出具认定证明；不予兑换的残缺、污损人民币，应退回持有人。如持有人对金融机构认定的兑换结果有异议，持有人可凭金融机构的认定证明到中国人民银行申请鉴定。中国人民银行方面将在申请日起5个工作日内做出鉴定并出具鉴定书。持有人可持中国人民银行的鉴定书及可兑换的残缺污损人民币到金融机构进行兑换。

残缺、污损人民币多是由于使用和保管不善造成的，有的纸币在潮湿处发生霉变，有的遇到酸性物质，有的在家中被老鼠啃咬等，因此，在使用过程中要妥善保管纸币，延长其寿命。

五、不得故意损坏人民币

现实中，有人企图利用人民币兑换规则，通过故意毁坏人民币牟利。这种做法是违法的，还可能导致无法兑换。根据《中国人民银行残缺污损人民币兑换办法》的规定，可以兑换的人民币仅限于票面撕裂、损缺，或因自然磨损、侵蚀，外观、质地受损，颜色变化，图案不清晰，防伪特征受损，不宜再继续流通使用的人民币。

根据《人民币管理条例》《中国人民银行法》的规定，故意毁损人民币的，由公安机关给予警告，并处1万元以下的罚款。

六、渐进式替换旧版钞票

2015年版第五套人民币100元纸币于2015年11月12日起发行。2015年版第五套人民币100元纸币发行之后，原来的100元纸币仍然可以继续流通，中国人民银行将及时回收市场上的残损人民币来不断提高人民币的整洁度，同时也逐步地替换旧版的100元纸币，使新版的100元纸币能更好地发挥防伪技术的作用。最终市场上都应该替换成目前通用的2015年版的第五套人民币100元纸币，但是这是一个渐进的过程。

拓展阅读 2-2

揭秘残币的去向：银行回收的破损人民币去哪儿了？

不少居民在拿到新版"土豪金"人民币时，也有一个疑问，那些残破的旧版人民币在被银行回收后，都去了哪儿？

1.残币再生成生活用纸

残币废料变成纸浆需要经过脱墨处理。所谓脱墨就是要清除残币上的图案和文字，而钞票的脱墨比一般废纸更难，因为钞票的湿强度很高。残币脱去了颜色变成白色的纸片，之后再经过解离等几道程序后，纸片中的纤维被分离出来，残币就变成了白色纸浆。由于人民币的原料主要是棉花，所以这些残币在经过处理变成纸浆后，它的吸水性和柔韧性会更强，更适合制成生活用纸。APEC会议上曾用过的一种会议纸就是用人民币残币制作出来的。

2.残币再生废物养鱼饵

在残币循环再生产的过程中，除了能制成再生纸，也会产生一些"垃圾"，也就是污泥。这些污泥被用来养蚯蚓，蚯蚓可用作钓鱼的饵料。

由于残币污泥里面没有太多的有害物质，它的主要成分是细小纤维等有机物，所以它含有丰富的有机质，而蚯蚓恰恰喜欢吃这种有机质，所以这些污泥就成为饲养蚯蚓的主要原料。别小瞧这些污泥，市场价格是每吨200元，一年下来，能带来很高的经济效益。

3. 残币焚烧发电

每年原值上千亿元的残损人民币在发电厂被焚烧发电，一吨发电1 000千瓦，够一个家庭用10个月。残钞废料焚烧后的灰烬还可以做成建筑用砖，在建筑领域继续发挥作用。

资料来源：佚名. 银行回收的破损人民币去哪儿了？[EB/OL]. [2015-03-20]. http://www.sohu.com/a/7106986_115738.

实践训练

一、实训内容

以小组为单位完成以下任务：

找出若干张A4纸，裁成8种缺失的形状（票面剩余1/2及以上），模拟残缺、污损人民币。根据《中国人民银行残缺污损人民币兑换办法》的规定，分别进行兑换认定。

二、实训目标

通过实践活动，使学生较好地掌握残缺、污损人民币的正确兑换知识。

三、实训考核

根据小组交流、互评和课堂汇报情况给予评分。

任务五　外币的真假鉴别

任务导入

外币是外国货币的简称，是指本国货币以外的其他国家或地区的货币。它常用于企业因贸易、投资等经济活动引起的对外结算业务。现在，中国老百姓家中有外汇的越来越多，外币的真假鉴别成为金融机构临柜人员必须掌握的技能。那么，外币的防伪特征是什么？外币鉴别的要点有哪些？这些正是本任务要学习的内容。

知识要点

一、外币的票面特征

（一）美元纸币的票面特征

美元是国际印钞界公认的设计特征变化最少的钞票之一。美元虽经多次改版，但不同版别的钞票变化并不大，只是防伪功能得到不断加强。美元纸币票面尺寸不论面额和版别均为156毫米×66毫米，正面主景图案色调为黑色，背面的主景图案为建筑，主色调为绿色，但不同版别的颜色略有差异，如1934年版背面为深绿色，1950年版背面为草绿色，1963年版及以后各版均为墨绿色。

（二）欧元纸币的票面特征

欧元纸币是由奥地利中央银行的Robert Kalina设计的，主题是"欧洲的时代与风格"，描述了欧洲悠久的文化历史中7个时期的建筑风格，其中还包含了一系列的防伪特征和各个成员国的代表特色。在纸币的正面图案中，窗户和拱门象征着欧洲的开放和合作；12颗星代表的不是成员国数量，而是完美的象征，体现着当代欧洲的活力和融洽。纸币背面图案描述了7个不同时代的欧洲桥梁和欧洲地图，寓意欧盟各国及欧盟与全世界的紧密合作和交流。7种不同券别的纸币以不同的颜色为主色调，规格也随面值的增大而增大。

欧元纸币的主要特征有：（1）用拉丁文和希腊文标明的货币名称；（2）用5种不同语言文字的缩写形式注明的"欧洲中央银行"的名称；（3）版权保护标识符号；（4）欧洲中央银行行长签名；（5）欧盟旗帜。

（三）日元纸币的票面特征

日元纸币正面文字全部使用汉字（由左至右排列），上方均印有"日本银行券"字样；背面则有用拉丁文拼写的行名"NIPPON CINKO"（日本银行）、货币单位名称"YEN"（圆）字样。日元的各种钞票均无发行日期，发行单位负责人是使用印章的形式，即票面印有红色"总裁之印"和"发券局长"图章各一个。为方便盲人，日元纸币都设有盲文标记。

二、外币的防伪特性

（一）美元纸币的防伪特性

（1）专用纸张：美元纸币的纸张主要是由棉、麻纤维抄造而成，纸张坚韧、挺括，在紫外线下无荧光反应。

（2）固定人像水印：1996年版美元纸张加入了与票面人物头像图案相同的水印。

（3）红、蓝彩色纤维：从1885年版起，美钞纸张加入了红、蓝彩色纤维丝。从1885年版到1928年版美钞的红、蓝彩色纤维是采用定向施放，即红、蓝纤维丝分布在钞票的正中间，由上至下形成两条狭长条带。1929年版以后各版中的红、蓝彩色纤维丝则随机分布在整张钞票中。

（4）文字安全线：从1990年版起，50美元至100美元各面额纸币中加入了一条全埋文字安全线。安全线上印有"USA"及阿拉伯或英文单词面额数字字样。1996年版50美元、20美元安全线上还增加了美国国旗图案。1996年版美元的安全线还是荧光安全线，在紫外光下呈现出不同的颜色，100美元、50美元、20美元、10美元、5美元安全线分别为红、黄、绿、棕和蓝色。

（5）雕刻凹版印刷：美元正背面的人像、建筑、边框及面额数字等均采用雕刻凹版印刷，用手触摸有明显的凹凸感。1996年版美元的人像加大，形象也更生动。

（6）凸版印刷：美元纸币上的库印和冠字号码是采用凸版印刷的，在钞票背面的相应部位用手触摸有凹凸感。

（7）细线印刷：1996年版美元在正面人像的背景和背面建筑的背景采用细线设计，该设计有很强的防复印效果。

（8）凹印缩微文字：从1990年版起，在美元人像边缘增加一条由凹印缩微文字组织的环线，缩微文字为"THE UNITED STATES OF AMERICA"。1996年版的100美元和20美元还分别在正面左下角面额数字中增加了"USA100"和"USA20"字样的缩微文字，50美元则在正面两侧花边中增加"FIFTY"字样的缩微文字。

（9）冠字号码：美元纸币正面均印有两组横号码，颜色为翠绿色。1996年版以前的美元冠字号码由一位冠字、8位数字和一个后缀字母组成。1996年版美元增加了一位冠字，用以代表年号。

（10）光变面额数字：1996年版100美元、50美元、20美元、10美元正面左下角面额数字是用光变油墨印刷的，在与票面垂直角度观察时呈绿色，将钞票倾斜一定角度则变为黑色。

（11）磁性油墨：美元正面凹印油墨带有磁性，用磁性检测仪可检出磁性。

50美元券防伪特征见图2-22。

图2-22　50美元券防伪特征示意图

（二）欧元纸币的防伪特征

（1）水印：欧元纸币均采用了双水印，即与每一票面主景图案相同的门窗图案水印及面额数字白水印。

（2）安全线：欧元纸币采用了全埋黑色安全线，安全线上有欧元名称（EURO）

和面额数字。

（3）对印图案：欧元纸币正背面左上角的不规则图形正好互补成面额数字，对接准确，无错位。

（4）凹版印刷：欧元纸币正面的面额数字、门窗图案、欧洲中央银行缩写及200欧元、500欧元的盲文标记均是采用雕刻凹版印刷的，摸起来有明显的凹凸感。

（5）珠光油墨印刷图案：5欧元、10欧元、20欧元背面中间用珠光油墨印刷了一个条带，不同角度下可出现不同的颜色，而且可看到欧元符号和面额数字。

（6）全息标识：5欧元、10欧元、20欧元正面右边贴有全息薄膜条，变换角度观察可以看到明亮的欧元符号和面额数字；50欧元、100欧元、200欧元、500欧元正面的右下角贴有全息薄膜块，变换角度可看到明亮的主景图案和面额数字。

（7）光变面额数字：50欧元、100欧元、200欧元、500欧元背面右下角的面额数字是用光变油墨印刷的，将钞票倾斜一定角度，颜色由紫色变为橄榄绿色。

（8）无色荧光纤维：在紫外光下，可以看到欧元纸张中有明亮的红、蓝、绿三色无色荧光纤维。

（9）有色荧光纤维印刷图案：在紫外光下，欧盟旗帜和欧洲中央银行行长签名的蓝色油墨变为绿色；12颗星由黄色变为橙色；背面的地图和桥梁则全变为黄色。

（10）凹印缩微文字：欧元纸币正背面均印有缩微文字，在放大镜下观察，缩微文字线条饱满且清晰。

2002年版500欧元防伪特征图解见图2-23。

（三）日元的防伪特征

（1）专用纸张：日元纸张呈淡黄色，含有日本特有植物三桠皮纤维，纸张有非常高的韧性和挺度。

（2）水印：日元的水印图案与正面主景图案相同，由于采用了特殊工艺，故水印的清晰度非常高。

（3）雕刻凹版印刷：日元正背主景、行名、面额数字等均是采用雕刻凹版印刷的，图案线条精细、层次丰富，用手触摸有明显的凹凸感。

（4）凹印缩微文字：日元正背面多处印有"NIPPON GINKO"字样的缩微文字。

（5）盲文标记：日元的盲文标记由圆圈组成，用手触摸有明显的凸起，透光观察也清晰可见。

（6）磁性油墨：日元正背面凹印部位的油墨是带有磁性的，可用磁性检测仪测出磁信号。

（7）防复印油墨：日元采用了防复印油墨印刷图案，当用彩色复印机复印时，复印出来的颜色与原券颜色明显不同。

（8）光变面额数字：2 000日元正面右上角的面额数字是用光变油墨印刷的，与票面呈垂直角度观察呈蓝色，倾斜一定角度则变为紫色。

（9）隐形面额数字：2 000日元正面左下角有一装饰图案，将票面置于与视线接近平行的位置，面对光源，做45度或90度的旋转，可看到面额数字"2000"字样。

水印

磁性全埋安全线

全息标识

雕刻凹版印刷

红外

凹印缩微文字

对印

荧光油墨

紫外全幅特征

图2-23　2002年版500欧元防伪特征图解

（10）珠光油墨：2 000日元正面左右两侧边采用珠光油墨印刷了一条条带，转换钞票角度可看到有颜色变化。

（11）隐形字母：2 000日元背面右上角的绿色底纹处印有隐形字母，垂直角度下无法看到，将票面倾斜一定角度即可看到"NIPPON"字样，且前3个字母呈蓝绿色，后3个字母呈黄色。

10 000日元防伪特征见图2-24。

三、美元、欧元和日元纸币的真伪识别方法

（一）美元纸币的真伪识别方法

1.看

首先，看票面的颜色。美元真钞正面主色调为深黑色，背面为墨绿色（1963年版及以后版），冠字号码和库印为翠绿色，并都带有柔润光泽；假钞颜色相对不够纯正，色泽也较暗淡。

图2-24 10 000日元防伪特征示意图

其次，看票面图案、线条的印刷效果。美元真钞票面图案均是由点、线组成，线条清晰、光洁（有些线条有轻微的滋墨现象，属正常），图案层次即人物表情丰富，人物目光有神；假钞票线条发虚，发花，有丢点、线的情况，图案缺乏层次，人物表情呆滞，眼睛无神。

再次，看光变面额数字。1996年版10美元以上真钞均采用光变面额数字，变换观察角度，可看到由绿变黑；假钞或者没有变色效果，或者变色效果不够明显，颜色较真钞也有差异。

课堂训练2-5

最后，透光看纸张、水印和安全线。美元纸张有正方形的网纹，纹路清晰，纸中有不规则分布的彩色纤维；自1996年版起美元纸张加入了与票面人物头像相同的水印，水印层次丰富，有较强的立体感；自1990年版起5美元以上面额纸币中加入了文字安全线，线条光洁，线上文字清晰。美元假钞纸张上或者没有网纹，或者网纹比较凌乱；水印图案缺乏层次和立体感；安全线上文字线条粗细不匀，字体变形。

2.摸

一是摸纸张。美元真钞纸张挺括、光滑度适宜，有较好的韧性；而假钞纸张相对绵软，挺度较差，有的偏薄，有的偏厚，光滑度有的较高，有的较低。

二是摸凹印手感。美元真钞正背面主景图案及边框等均采用凹版印刷，用手摸有明显的凹凸感；假钞有的采用平版胶印，无凹印手感，即使采用凹版印刷，其版纹也比真钞要浅，凹印手感与真钞相比仍有一定的差距。

3.听

用手抖动或者用手指弹动纸张，美元真钞会发出清脆的声响，假钞声响则较为沉闷。

4.测

一是用放大镜观察凹印缩微文字。从1990年版起，5美元以上面额纸币加印了凹印缩微文字，在放大镜下观察，文字清晰可辨；假钞的缩微文字则较为模糊。

二是用磁性检测仪检测磁性。美元真钞的黑色凹印油墨含有磁性材料，用磁性检测仪可检测出磁性；假钞或者没有磁性，或者磁性强度与真钞有差别。

三是用紫外光照射票面。美元真钞纸张无荧光反应，假钞有明显的荧光反应；1996年版美元安全线会有明亮的荧光反应，假钞安全线有的无荧光反应，有的即使有荧光反应，但亮度较暗，颜色也不正。

（二）欧元纸币的真伪识别方法

1.看

一是迎光透视，主要观察水印、安全线和对印图案。二是晃动观察，主要观察全息标识，观察5欧元、10欧元、20欧元背面珠光油墨印刷条状标记，以及50欧元、100欧元、200欧元、500欧元背面右下角的光变油墨面额数字。

2.摸

一是摸纸张。欧元纸币纸张薄、挺度好，摸起来不滑、密实，在水印部位可以感到有厚薄变化。二是摸凹印图案。欧元纸币正面的面额数字、门窗图案、欧洲中央银行缩写及200欧元、500欧元的盲文标记均是采用雕刻凹版印刷的，摸起来有明显的凹凸感。

3.测

用紫外灯和放大镜等仪器检测欧元纸币的专业防伪特征。在紫外光下，欧元纸张无荧光反应，同时可以看到纸张中有红、蓝、绿三色荧光纤维；欧盟旗帜和欧洲中央银行行长签名的蓝色油墨变为绿色；12颗星由黄色变为橙色；背面的地图和桥梁则全变为黄色。欧元纸币正背面均印有缩微文字，在放大镜下观察，真币上的缩微文字线条饱满且清晰。

（三）日元纸币的真伪识别方法

1.看

日元真钞纸张为淡黄色，水印是黑白水印，层次清楚；盲文标记类似水印，迎光透视清晰，手感明显；假钞没有盲文标记或很不清楚，也没有凸感。1993年版日元正背面均增加了缩微印刷文字，在放大镜下清晰可见。

2.摸

日元真钞正面凹印的人像套印在浅色底纹线上，人像清楚自然。假钞人像是平版印刷，底纹线条不清楚，油墨浓淡也不均匀，手感光滑。真钞大写面额数字笔画系细砂纹构成，手感凸起。

3.测

日元真钞正背面凹印部位的油墨带有磁性。印刷采用防复印油墨。1993年版日元正面"总裁之印"印章改以荧光油墨印刷，在紫外灯下印章发亮。

拓展阅读 2-3

　　一部生动的新中国社会发展史——五套人民币图案中的历史变迁

　　中华人民共和国从1948年12月1日到1999年10月1日先后发行了五套人民币。每套人民币上的图案都有不同的变化，把五套人民币按发行顺序的先后排列，无疑是一部生动的浓缩版的新中国政治、经济、文化的发展史。面对这些图案，我们似乎尚能看到中华人民共和国半个多世纪以来所经历的风风雨雨，似乎尚能听到中华人民共和国前进过程中有些沉重却又鼓舞人心的脚步声。

　　第一套人民币发行于1948年12月1日，当时正处于中华人民共和国建立的前夜，为了统一各解放区的货币，为中华人民共和国的建立奠定经济基础，在河北石家庄成立了中国人民银行，同时开始发行第一套人民币。当时经历了多年的战火，国家需要休养生息，人民需要安居乐业，因此恢复和发展社会生产成为新生的人民政权的第一要务。反映在第一套人民币票面的图案上，基本都是奔驰的火车、远航的轮船、雄伟的工厂、辽阔的田野，或者是正在车间、田间辛勤劳作的工人和农民。这些图案为人们描绘了一幅新社会生产发展、生活安定、百业兴旺的美好景象，自然而然地激发起人民对于新社会的向往和热爱。第一套人民币伍万元券见图2-25。

图2-25　第一套人民币伍万元券

　　第二套人民币于1955年3月1日发行，全套11种，其票面图案鲜明体现了当时的时代特色：汽车、飞机、轮船。

　　第三套人民币于1962年4月20日发行，此时我们国家经历了连续三年的自然灾害，中国共产党开始坚持实事求是，社会主义建设重新回到正确的轨道。第三套人民币票面图案有：纺织车间、女拖拉机手、车床工人、炼钢工人、青年学生走出校园参加生产劳动、人民代表步出人民大会堂以及武汉长江大桥。第三套人民币1角、2角、5角券见图2-26。

图2-26　第三套人民币1角、2角、5角券

　　1987年，在经历了10年的改革开放之后，我们对于社会主义革命和建设有了更为深刻的认识，对于共产党及其领袖有了更为全面的认识。1987年4月份发行的第四套人民币的图案上清楚地反映了这一点，正面的图案全部是人物头像。100元券的正面是新中国四位主要领导人毛泽东、刘少奇、周恩来、朱德的侧面头像，反映了我国人民已经走出阴影，在深深缅怀党和国家创始人的同时，表达了对党领导中国革命和建设的光辉历史的充分肯定。

　　第五套人民币发行于1999年10月1日，当时恰逢中华人民共和国成立50周年。50年来，特别是改革开放20年来，我国国民经济持续、快速、健康发展，经济发展速度在世界上位居前列，各项社会事业不断取得进步，国际地位显著提高，当时香港顺利回归，澳门也即将回归祖国，统一祖国的大业正阔步向前迈进。中华民族在融入世界民族之林的过程中，比以往任何时候更具自信心。

　　资料来源：汪锡鹏. 一部生动的新中国社会发展史——五套人民币图案中的历史变迁[J]. 中国城市金融，2008（1）：64-65.

任务六　数字人民币

任务导入

　　自1986年以来，奥运会官方场馆的支付方式只有现金和Visa卡两种。在2022年北京冬奥会充满活力的"奥运泡泡"内部，来自世界各地的运动员、记者及工作人员有了一种全新的支付选择——中国的数字人民币。2022年北京冬奥会被誉为"科技冬奥"，而数字人民币又是此次冬奥会的科技"名片"，数字人民币在冬奥会中实现了交通出行、餐饮住宿、购物消费、旅游观光、医疗卫生、通信服务、票务娱乐等七

大类场景全覆盖。那么，数字人民币是什么？数字人民币和微信、支付宝有哪些区别？这些正是本任务要学习的内容。

知识要点

一、数字人民币的概念

数字人民币（字母缩写按照国际使用惯例暂定为"e-CNY"）是由中国人民银行发行的数字形式的法定货币，由指定运营机构参与运营并向公众兑换，以广义账户体系为基础，支持银行账户松耦合功能，其与指定运营机构的电子账户资金具有通用性，与纸钞硬币等价，共同构成现金类支付工具，可以进一步提高零售支付系统效能与安全，降低全社会零售支付成本。数字人民币具有价值特征和法偿性，支持可控匿名。

数字人民币的概念有两个重点：一是数字人民币是数字形式的法定货币；二是和纸钞、硬币等价，数字人民币主要定位于现金类支付凭证（M0），也就是流通中的现钞和硬币，将与实物人民币长期并存，主要用于满足公众对数字形态现金的需求，助力普惠金融发展。

二、数字人民币的研发背景

当前，中国经济正在由高速增长阶段转向高质量发展阶段，以数字经济为代表的科技创新成为催生发展动能的重要驱动力。随着大数据、云计算、人工智能、区块链、物联网等数字科技快速发展，数字经济新模式与新业态层出不穷。新冠疫情发生以来，网上购物、线上办公、在线教育等数字工作生活形态更加活跃，数字经济覆盖面不断拓展，欠发达地区、边远地区人民群众线上金融服务需求日益旺盛，同步推动电子支付尤其是移动支付快速发展，为社会公众提供了便捷高效的零售支付服务，在助力数字经济发展的同时也培育了公众数字支付习惯，提高了公众对技术和服务创新的需求。同时，经济社会要实现高质量发展，在客观上需要更为安全、通用、普惠的新型零售支付基础设施作为公共产品，进一步满足人民群众多样化的支付需求，并以此提升基础金融服务水平与效率，促进国内大循环畅通，为构建新发展格局提供有力支撑。

近年来，我国现金使用率近期呈下降趋势。2019年中国人民银行开展的中国支付日记账调查显示，手机支付的交易笔数、金额占比分别为66%和59%，现金交易笔数、金额分别为23%和16%，银行卡交易笔数、金额分别为7%和23%，46%的被调查者在调查期间未发生现金交易。同时也要看到，根据2016年末至2020年末统计数据，中国流通中现金（M0）余额分别为6.83万亿元、7.06万亿元、7.32万亿元、7.72万亿元和8.43万亿元人民币，仍保持一定增长速度。特别是在金融服务覆盖不足的地方，公众对现金的依赖度依然较高。

为建设与数字经济发展相适应的新型零售支付基础设施，中国人民银行高度重视数字人民币的研究开发，2014年成立法定数字货币研究小组，开始对发行框架、关键技术、发行流通环境及相关国际经验等进行专项研究；2016年成立数字货币研究所，完成法定数字货币第一代原型系统搭建；2017年末，经国务院批准，中国人民银行开始组织商业机构共同开展法定数字货币（以下简称数字人民币）研发试验。目前，研发试验已基本完成顶层设计、功能研发、系统调试等工作，正遵循稳步、安全、可控、创新、实用的原则，选择部分有代表性的地区开展试点测试。2019年底央行数字人民币第一批试点城市包括：深圳、苏州、成都、雄安、北京、张家口，随后试点城市名单陆续增加，截至2024年底，已形成多个试点地区，涵盖华北、华东、华南、华中、西南、西北、东北等地区。截至2024年12月底，数字人民币指定运营机构共计10家，包括中国工商银行、中国农业银行、中国银行、中国建设银行、交通银行、中国邮政储蓄银行、招商银行、网商银行、微众银行和兴业银行。数字人民币App支持绑定的银行数量已经达到81家，这些银行除了数字人民币指定运营机构外，还包括光大银行、中信银行、浦发银行、华夏银行、北京银行、上海银行、宁波银行等。

三、数字人民币的功能特点

（一）法定货币

数字人民币由中国人民银行发行，是有国家信用背书、有法偿能力的法定货币，具备货币的价值尺度、交易媒介、价值贮藏等基本功能，与实物人民币一样是法定货币。

视频 2-1

数字人民币

（二）双层运营体系

数字人民币采取了双层运营体系，即中国人民银行不直接对公众发行和兑换央行数字人民币，而是先把数字人民币兑换给指定的运营机构，比如商业银行或者其他商业机构，再由这些机构兑换给公众。运营机构需要向中国人民银行缴纳100%法定存款准备金，这就是1:1的兑换过程。这种双层运营体系和纸钞发行基本一样，因此不会对现有金融体系和实体经济产生大的影响。

（三）以广义账户体系为基础

在现行数字货币体系下，任何能够形成个人身份唯一标识的东西都可以成为账户。比如，车牌号就可以成为数字人民币的一个子钱包，通过高速公路或者停车的时候进行支付。这就是广义账户体系的概念。银行账户体系是非常严格的体系，一般需要提交很多文件和个人信息才能开立银行账户。

（四）支持银行账户松耦合

支持银行账户松耦合是指不需要银行账户就可以开立数字人民币钱包。对于一些农村地区或者边远山区群众、来华境外旅游者等，不能或者不便持有银行账户的，也可以通过数字钱包享受相应的金融服务，这有利于实现普惠金融。

（五）双离线支付

数字人民币实现"双离线"支付，即手机和支付终端都不联网也能支付，以保证在天灾、地震、网银瘫痪等极端情况下，数字人民币能和纸币一样使用。

（六）安全性更高

数字人民币综合使用数字证书体系、数字签名、安全加密存储等技术，实现不可重复花费、不可非法复制伪造、交易不可篡改及抗抵赖等特性，并已初步建成多层次安全防护体系，保障数字人民币全生命周期安全和风险可控。

（七）多终端选择

不愿意用或者没有能力用智能手机的人群，可以选择 IC 卡、功能机或者其他硬件。

（八）不同等级的钱包

数字人民币可以指定运营机构根据客户身份识别强度对数字人民币钱包进行分类管理，根据实名强弱程度赋予各类钱包不同的单笔、单日交易及余额限额。

（九）点对点支付

通过数字货币智能合约的方式，可以实现定点到人交付。例如民生资金，可以发放到群众的数字钱包上，从而杜绝虚报冒领、截留挪用的可能性。

（十）可追溯性高

数字人民币在有权机关严格依照程序出具相应法律文书的情况下，可以进行相应的数据验证和交叉比对，为打击违法犯罪提供信息支持，即使腐败分子通过化整为零等手段，也难以逃避监管。

四、数字人民币钱包分类

数字人民币钱包根据用户身份识别强度进行分类管理。目前，个人数字人民币钱包主要分为四种类型：一类钱包需要用户提供手机号、有效身份证件、本人银行账户，运营机构现场面签，无交易限制；二类钱包需要用户提供手机号、有效身份证件、本人银行账户，余额上限 50 万元，单笔支付限额 5 万元；三类钱包需要用户提供手机号、有效身份证件，余额上限 2 万元，单笔支付限额 5 000 元；四类钱包提供手机号即可办理，余额上限 1 万元，单笔支付限额 2 000 元。此外，数字人民币钱包按照开立主体不同可分为个人钱包和对公钱包，按照载体不同可分为软钱包和硬钱包，按照权限归属不同可分为母钱包和子钱包。

五、数字人民币 App 注册使用流程

（一）数字人民币 App 注册流程

数字人民币目前仍处于试点阶段，并没有全面开放注册。在试点期间，注册和使用数字人民币的权限通常受限于特定地区和特定用户群体。因此，如果您不在试点范围内，暂时无法直接进行数字人民币的注册。截至 2024 年 12 月底，数字人民币全国试点地区包括：北京、深圳、苏州、成都、上海、长沙、海南、青岛、大连、西安、天津、重庆、广州、福州、厦门、杭州、宁波、温州、湖州、绍兴、金华、济南、南宁、防城港、昆明、西双版纳傣族自治州、广东省、江苏省、河北省、四川省等。

数字人民币 App 注册首先要在安卓应用市场或苹果 App Store 搜索并下载安装"数字人民币"App，如图 2-27 所示。首次使用该 App 时，需注册新账号。系统会根据你所在的位置判断是否符合注册条件，依次输入手机号、验证码，设置登录密码后，即可完成注册。

在当前的数字人民币设计中，钱包存储金额都依赖银行提供的服务，因此开通钱包时会提示用户选择运营机构，目前有 10 多家运营机构提供数字人民币服务，默认开通的是四类匿名钱包，也可通过菜单"我的"里面的"开通或添加数字钱包"选项开通或添加数字钱包，如图 2-28 所示。

图2-27　数字人民币注册

图2-28　数字人民币钱包开通

　　对于数字人民币来说，仅用本人手机号码就可以开通数字钱包。选择一家银行，在打开的界面中验证手机号、输入验证码、设置钱包名称、设置6位支付密码，系统验证成功后，即可开通数字钱包。

　　（二）数字人民币钱包绑卡充值消费

　　建立了数字钱包，必须经过充值才能有余额进行消费，不像支付宝、微信那样绑定银行卡后可以直接从银行账户划款，可通过银行卡充钱和手机银行转入两种方式为钱包充值。如果选择通过银行卡充钱，需绑卡并将钱包升级为二类钱包。输入身份证信息、完成人脸识别、添加并验证银行卡，完成上述操作后，四类匿名钱包便升级为二类钱包，余额上限、单笔支付限额、日累计支付限额均大幅提高，不同银行的限额不同。

　　在"数字钱包"界面点击"充钱包"按键，输入要充值的金额、支付密码后，即可给数字钱包充值，如图2-29所示。

图2-29　数字人民币钱包充值

（三）数字人民币App使用流程

如要使用数字人民币，仅需打开App首页，将屏幕往上滑动，出现付钱码，让商户POS机扫描即可付款消费，也可点击"扫一扫"，扫描商户收款码消费，这两种消费方式，和我们平常使用支付宝、微信付款方式相似。

另外，数字人民币App还支持NFC（近距离无线通信）功能的手机使用"碰一碰"快捷收付款。从手机屏幕最上方下拉出菜单，点击打开NFC开关，然后打开数字人民币App，点击右上角的"碰一碰"，将手机背面靠近商家收款设备，即可完成支付，如图2-30所示。

图2-30　数字人民币钱包支付

（四）开通子钱包

所谓"子钱包"，是指针对数字人民币不同细分场景，如电商消费、交通出行、本地生活等设定分场景、分机构的更细小的钱包。目前，数字人民币已在京东、美团、饿了么等60余款App中开通了子钱包功能。也就是说，在数字人民币钱包内添加"子钱包",绑定其中的商户,就可实现在相应的商户App中使用数字人民币付款。当开通数字钱包后,系统会弹出"推送子钱包"的提示,可以向手机上安装的App一键推送子钱包。

六、数字人民币的影响:从个人到社会

(一)提升支付便利性和安全性

首先,数字人民币的推出,极大地提升了支付的便利性。通过手机App或第三方支付平台,人们可以随时随地进行支付,无须携带现金或银行卡。其次,数字人民币采用先进的加密算法和技术手段,保障了交易的安全性和隐私性,减少了信息泄露和欺诈风险。

(二)优化货币政策传导效果

数字人民币的推出,优化了货币政策的传导效果。在传统货币体系下,货币政策主要通过银行体系传导,但数字人民币可以直接到达民众手中,绕过银行体系,进一步拓宽了货币政策传导渠道。此外,央行可以通过数字人民币实现精准调控和监管,提高金融市场的稳定性和可控性。

(三)推动金融科技发展

数字人民币的研发和推出,推动了金融科技的发展和创新。在数字人民币的推广过程中,金融机构和企业不断探索新的应用场景和技术方案,促进了金融科技产业的繁荣和发展。此外,数字人民币也为国际金融合作和交流提供了新的机遇和挑战。

(四)助力经济社会发展

数字人民币的推广和使用,不仅方便了民众的支付和消费,还有助于推动经济社会的发展。一方面,数字人民币可以降低交易成本,提高市场效率和资源配置水平;另一方面,数字人民币可以促进普惠金融发展,为更多人提供便捷、安全的金融服务。此外,数字人民币还可以为政府提供更加全面、精准的经济数据和决策依据。

课堂训练2-6

作为全球首个由中央银行发行的数字货币,数字人民币的推出具有历史性的意义。在未来的发展中,数字人民币有望在全球范围内发挥越来越重要的作用。随着技术的不断进步和应用场景的不断扩展,数字人民币将会更加普及、便捷和安全。同时,我们也需要关注和应对其可能带来的风险和挑战,如网络安全、隐私保护、监管合规等问题。相信在央行的指导和推动下,数字人民币将会为中国金融科技的发展注入新的动力和活力。

实践训练

一、实训内容

以小组为单位完成以下任务:

完成数字人民币业务操作,包括数字人民币钱包的注册、充值、提现、转账等基本操作,以及数字人民币钱包与银行账户之间的关联、数字人民币支付场景的搭建

等。在实训过程中，参训人员分组进行数字人民币应用场景模拟，包括餐饮、购物、交通、医疗等场景，通过实际操作，加深对数字人民币的理解和应用。

二、实训目标

加深对数字人民币的了解，掌握数字人民币的基本操作和风险管理技能，为今后在实际工作中应用数字人民币奠定基础。

三、实训考核

根据小组交流、互评和课堂汇报情况给予评分。

思维拓展 2-1

分析提示 2-1

1.说起央行数字人民币，大家可能都有所耳闻，说到底央行数字人民币是以现实人民币为基础的，不是凭空制造的一种货币，两者只是存在形式上的不同，前者是电子数据，后者是人民币纸钞。那么，央行数字人民币与支付宝、微信等支付工具有什么区别呢？

要求：请同学们以小组为单位进行讨论，然后每个小组选一个代表做总结汇报。

2.李某是一位年过古稀的独居老人，辛苦工作了一辈子，最终攒下了20万元人民币，打算作为养老的生活费。在一次购物中，李某偶然接触到北京某国际文化传播有限公司的工作人员，听说收藏人民币可以升值并能获得高额利润，李某就动了心思。在该公司工作人员的推销下，李某购买了第四套人民币"国之瑰宝"吉祥号四套和第五套人民币"纸币瑰宝"吉祥号大全一套，总共花费了172 000元人民币。

分析提示 2-2

购买后，满心欢喜的李某到银行询问人民币藏品的价值，结果却出乎他的意料。原来，李某购买的第四套人民币部分券别、第五套人民币属于流通中的人民币，依照《人民币管理条例》，流通中的人民币禁止交易。在沟通无果的情况下，李某向北京市通州区人民法院提起诉讼。

那么，人民币可以收藏吗？

要求：请同学们以小组为单位进行讨论，然后每个小组选一个代表做总结汇报。

项目考核

一、不定项选择题

1.以下是一张50元人民币样币，下列选项中对图片上标号④的防伪特征名称描述正确的是（　　）。

A.面额数字　　　　　　　　　　　B.光变油墨面额数字

C.凹印手感线　　　　　　　　　　D.盲文点

2.鉴别人民币纸币的方法之一是手摸，2005年版第五套人民币100元表面文字及主要图案有凹凸感，这种凹凸感产生于（   ）印刷方式。

A.普通胶印　　　　　　B.雕刻凹版　　　　　C.凸版印刷　　　D.丝网印刷

3.在第五套人民币的纸张中，加入的无色荧光纤维在特定波长的紫外光下呈现（   ）。

A.红色和蓝色　　　　　B.蓝色和绿色　　　　C.蓝色和黄色　　D.红色和黄色

4.第五套人民币20元及以下面额纸币的水印为（   ）。

A.固定人像水印　　　　　　　　　　　B.固定花卉水印

C.半固定花卉水印　　　　　　　　　　D.满版花卉水印

5.特殊残缺、污损人民币持有人对金融机构认定的兑换结果有异议的，经持有人要求，金融机构应（   ）。

A.出具认定证明

B.退回特殊残缺、污损人民币

C.出具认定证明并退回特殊残缺、污损人民币

D.不作回应

6.2005年版第五套人民币100元的冠字号码是（   ）。

A.双横号码　　　　　　　　　　　　B.双色异型横号码

C.双色异型竖号码　　　　　　　　　D.横竖双号码

7.杨先生到某银行办理美元存款业务，储蓄柜员小王在为其办理业务时发现11张10元面值的美元假币，小王与一名同事在该假币的正面水印窗及背面中间位置加盖了假币印章，向杨先生出具了"假人民币没收收据"。以下有关上述案例中，说法正确的是（   ）。

A.小王在发现11张假外币的情况下，未向当地公安机关报案

B.小王发现假外币不应当面加盖"假币"字样的戳记，应放入统一的专用袋加封

C.小王应向客户开具"假币收缴凭证"

D.小王没有向客户履行告知程序

8.2024年7月3日，银行现金柜员小周在为一客户办理1 000元人民币存款时，先用点钞机点了一遍，没有异常，随后又手工清点了一遍，发现其中1张100元人民币是假币，他当即让同事过来复核。经两人鉴别认定这是一张假币，小周将其再次放入点钞机，这张假币通过点钞机而不报警，随后两人将假币收缴，填制"假币收缴凭证"，然后将"假币收缴凭证"交给顾客签字，后将假币实物和"假币收缴凭证"单独保管。小周办理完这笔现金存款后，又开始办理下一笔业务，直至营业终了。上述案例中，该金融机构操作违反规定的有（　　　）。

A.未告知持币人如对被收缴的货币真伪有异议，可以在3个工作日内向中国人民银行当地分支机构或中国人民银行授权的当地鉴定机构申请鉴定

B.各商业银行使用的现钞处理设备如遇特殊情况要及时进行测试升级，对不能识别假币的设备，要督促生产厂家尽快进行升级，不能升级的停止使用

C.各商业银行使用的现钞处理设备如遇特殊情况要及时进行测试升级，测试升级情况要有书面记录，以备查阅

D.以上选项都不对

9.10月20日，一客户持一张假币到某银行网点，声称所持假币来自该网点的存取款一体机，一口咬定是其10月12日在该网点存取款一体机所提取的2万元现金中夹带的，要求更换。以下该营业网点的处理正确的是（　　　）。

A.该网点负有告知客户通过冠字号码查询功能判别假币是否由其付出的义务

B.客户申请超过时效，该网点不予受理查询申请

C.该网点一旦受理查询申请，应在3个工作日内办理

D.该网点当面告知查询人应备齐的相关材料，不得无故拒绝受理查询申请

10.一次性收缴假币数量较多时，下列表述正确的是（　　　）。

A.一张假币收缴凭证最多只能填写5张假币，一次性收缴假币数量多于5张时，应重新开具"假币收缴凭证"

B.一次性收缴假币数量较多时，不必逐张开具"假币收缴凭证"，可以分组填写，一张凭证为一组，但每组内假币的版别、券别和面额必须相同

C.一次性收缴假币数量较多，假币版别、券别和面额相同，且冠字号码重号或连号，可以填写在一张凭证上

D.金融机构一次收缴持有人同一面额两张或两张以上假人民币，如冠字号码前6位不一致，应按照不同的冠字号码分类填写假币收缴凭证；如冠字号码前6位相同，则视为同一冠字号码，合并张数、面额后，填写"假币收缴凭证"

11.人民币纸币票面裂口2处以上，长度每处超过（　　　）毫米的不宜流通。

A.3　　　　　　　　B.4　　　　　　　　C.5　　　　　　　　D.6

12.纸币票面有纸质较绵软，起皱较明显（　　　），不能保持其票面渠道防伪功能等情形之一的，应退出流通支付。

A.脱色　　　　　　B.变色　　　　　　C.变形　　　　　　D.只收不付纸币

13.（　　　）对残缺、污损人民币的兑换工作实施监督管理。

A.中国人民银行   B.中国人民银行指定的金融机构

C.国家金融监督管理总局   D.国务院

14.纸币呈正十字形，票面缺少（   ）的，按原面额的一半兑换。

A.1/2   B.1/3   C.1/4   D.1/5

15.数字人民币分为（   ）种形式。

A.纸币和硬币   B.电子货币和实物货币

C.银行存款和现金   D.离线钱包和在线钱包

16.数字人民币的发行目的是（   ）。

A.促进国际贸易   B.替代现有货币体系

C.提升货币流通效率和安全性   D.增加外汇储备

17.数字人民币的推广使用，对于打击（   ）行为最有帮助。

A.洗钱   B.逃税   C.非法交易   D.所有以上选项

18.数字人民币的推广使用，对于（   ）的日常生活影响最大。

A.经常进行国际旅行的人士   B.国内普通消费者

C.跨国公司   D.金融投资者

19.数字人民币的推广使用，对于（   ）的发展最为关键。

A.区块链   B.云计算   C.大数据   D.人工智能

20.数字人民币的推广使用对（   ）影响最大。

A.国际贸易   B.国内零售支付

C.国际金融市场   D.个人储蓄

二、问答题

1.我国目前共发行了几套人民币？其中发行版别最多的是第几套人民币？流通时间最长的是第几套人民币？

2.《人民币管理条例》所禁止的损害人民币的行为有哪些？

3.哪些机构有权没收、收缴假币？

4.2015年版第五套人民币100元纸币与2005年版第五套人民币100元纸币有什么区别？

5.人民币印钞纸由什么原料制成？与普通印刷纸相比有什么不同？

6.柜员小赵收到一张拼合在一起的100元人民币，发现右半部是假的，左半部是真的，应该怎么办？

7.2023年5月10日，某银行国际业务部小肖在为一顾客办理美元存款时，发现一张100美元假币，当即在钞票正、背两面加盖假币印章，填制中国人民银行统一印制的中英文对照版"假币收缴凭证"，同时叫来储蓄主管复核签章，然后将"假币收缴凭证"交顾客签字，并告知了顾客享有的权利。请问该案例中的操作是否违反假币收缴程序？为什么？

8.2023年10月9日，某货币真伪鉴定机构工作人员小陈接到林女士电话，要求鉴定其于9月30日被某银行收缴的一张100元假币，小刘将假币券别、张数、冠字号码、收缴机构等做了详细的记录。10月13日小刘出差回来后通知收缴单位送达待鉴定货币，并于当日按规定程序进行了鉴定。请问该案例中的操作是否违反规定？

9.陈先生到某银行存款，储蓄柜台工作人员小孙发现其中有1张50元纸币像是假币，她马上叫来储蓄主管。两人经过仔细辨别，确认这张50元纸币是从未见过的假币种类，于是当着陈先生的面盖上假币印章，并开具了"假币收缴凭证"，盖好章后，将凭证交给陈先生签字并告知了其权利。陈先生虽予以配合，但仍不服气，又递上一张50元纸币要求换出假币去中国人民银行鉴定。小孙和储蓄主管商量片刻，确认递进来的是真币后，将假币交给了陈先生。请问该案例中的操作是否违反假币收缴程序？为什么？

10.某张2005年版第五套人民币100元纸币正面左下角"100"字样被墨水渍遮盖，该墨水渍面积约为1平方厘米。请问该纸币是否适宜流通？请简述理由。

11.残缺、污损人民币持有人对金融机构认定的兑换结果有异议的应该怎么办？

12.在交通事故中，车主看到汽车漆被人蹭坏，在接受对方赔款时觉得太少，因而将所赔款的人民币纸币当场撕毁，结果受到公安机关9 000元的罚款。请问公安机关的处罚是否正确？其处罚依据是什么？

三、实训题

小李大学毕业后，于2024年7月3日到某银行求职，顺利被录用为储蓄柜员。7月4日，小李刚上班就办理了张先生的存款业务。对假币略有所知的小李发现其中有一张100元人民币像是假币，她将这张人民币交给储蓄主管。储蓄主管将这张100元纸币拿到二楼办公室，和同事仔细辨别后，确认是假币，于是盖上假币印章，并开具了"假币收缴凭证"，然后回到柜台将"假币收缴凭证"交给张先生，张先生悻悻离去。请问这个案例中的操作是否违反假币收缴程序？请模拟柜员进行正确的处理。

项目评价表

内　　容		评价		
学习目标	评价项目	3	2	1
职业能力	熟悉人民币、外币的一般防伪特征	1.人民币防伪特征			
		2.外币防伪特征			
	掌握人工与机器鉴别真假人民币、美元、欧元、日元的方法	1.人工鉴别真假人民币			
		2.人工鉴别真假美元、欧元、日元			
	掌握假币处理、残损人民币的挑剔与兑换	1.掌握假币处理			
		2.掌握残损人民币的挑剔与兑换			
通用能力	组织能力				
	沟通能力				
	解决问题的能力				
	自我提高的能力				
	创新能力				
综合评价				

等级说明：

3——能高质、高效地完成此学习目标的全部内容，并能解决遇到的特殊问题；

2——能高质、高效地完成此学习目标的全部内容；

1——能圆满完成此学习目标的全部内容，无需任何帮助和指导。

评价说明：

优秀——达到3级水平；

良好——达到2级水平；

合格——全部任务都达到1级水平；

不合格——不能达到1级水平。

学习目标

知识目标

1.掌握键盘的正确使用方法和正确的键入指法。

2.认识五笔字根，掌握五笔字根及其在键盘上的排列。

3.掌握五笔输入法的编码规则。

4.学习键面汉字、成字字根的输入方法。

5.要求学生掌握一级简码、二级简码、三级简码以及全码的输入方法。

6.掌握词组的输入方法。

7.要求学生掌握用文字编辑软件进行大篇幅文字录入的方法。

技能目标

1.培养学生良好的坐姿及击键习惯，激发学生主动参与打字训练的兴趣；掌握正确姿势，明确手指分工，熟悉键位分布，利用打字训练软件提高学生指法操作的正确率；可以按正确的击键方法完成打字操作。

2.学生需要熟记五笔字根表，能够在打字练习软件中盲打出对应的字根，进行大量的拆字练习，掌握五笔拆字的正确方法。

3.学生要能熟练利用五笔字型的输入规则快速输入汉字，提高打字效率。

4.能利用"记事本"、Word、打字练习软件等，熟练地使用五笔输入法进行文章的输入，逐渐实现盲打，真正掌握五笔输入法。

素养目标

1.通过字符推广中国文化，弘扬中国精神，渗透中国智慧；通过"润物细无声"的方式，掌握中国汉字的知识，了解汉语文化的魅力。

2.树立文化自信。了解汉字是世界最古老的文字之一，是中国文化的重要载体，是中华民族在历史长河中生生不息、兴旺繁衍的标志，是中华民族的根。

3.培养学生追求细节、精益求精的工匠精神。

项目三思维导图

```
                                                    ┌─ 一级简码的输入
                                         ┌─ 键外字录入 ┤─ 二级简码的输入
  ┌─ 认识键盘                              │          │─ 三级简码的输入
  │           键盘基本操作和指法            │          └─ 全码的输入
  └─ 操作键盘                              │
                                         │          ┌─ 二字词汇的输入
  ┌─ 认识汉字                              │          │─ 三字词汇的输入
  │─ 认识五笔字根    五笔录入基本规则   字符录入 ┼─ 词组录入 ┼─ 四字词汇的输入
  │─ 五笔输入法的                        │          │─ 多字词汇的输入
  └─ 编码规则                             │          └─ 重码与容错码
                                         │
  ┌─ 键名字的输入方法                      │          ┌─ 打字软件的使用介绍
  │           键面字录入                  └─ 文章录入 ┼─ 在文本文档中使用五笔输入文章
  └─ 成字字根的输入方法                                └─ 在 Word 文档中使用五笔输入文章
```

任务一　键盘基本操作和指法

任务导入

　　电脑键盘有 100 多个按键，每个键都有什么功能？我们每个人只有 10 个手指，熟练、快速地操作电脑键盘是掌握打字技巧、提升打字速度的关键。认识键盘、掌握键盘的正确使用方法，正是本任务要学习的内容。

知识要点

　　键盘是用于操作设备运行的一种指令和数据输入装置，也指经过系统安排操作一台机器或设备的一组功能键。键盘是最常用也是最主要的输入设备，通过键盘可以将英文字母、数字、标点符号等输入计算机中，从而向计算机发出命令、输入数据等。字符录入离不开对电脑键盘的熟悉掌握和熟练操作，本任务将对电脑键盘结构以及正确使用电脑键盘进行详细的讲解。

一、认识键盘

　　键盘是电脑的输入设备，通过键盘，可以向电脑输入信息，包括指令、数据和程序。键盘是由一组矩阵方式的按键开关组成的。根据按键的原理不同，键盘可分为触点式按键和电容式按键；根据按键的多少，有 83 键、101 键、102 键、104 键键盘之分。我们通常把普遍使用的 101 键键盘称为标准键盘。现在常用的键盘在 101 键的基础上增加了 3 个用于 Windows 的操作键。有的键盘还增加了【Wake】唤醒按钮、

【Sleep】转入睡眠按钮、【Power】电源管理按钮。

键盘主要分为主键盘区、功能键区、编辑键区、数字键区和其他功能区（也叫状态指示灯区）5个分区，见图3-1。

图3-1 键盘功能区

主键盘区——位于键盘的左部，各键上标有英文字母、数字和符号等，共计62个键，其中包括3个Windows操作用键。主键盘区分为字母键、数字键、符号键和控制键。该区是我们操作电脑时使用频率最高的区域。

功能键区——主要分布在键盘的最上排，包括【F1】键、【F2】键、【F3】键、【F4】键、【F5】键、【F6】键、【F7】键、【F8】键、【F9】键、【F10】键、【F11】键、【F12】键、【PrtSc/SysRq】键、【Scroll Lock】键、【Pause/Break】键。在不同的软件中，可以对功能键进行定义，或者是配合其他键进行定义，以起到不同的作用。

控制键区——位于主键盘区和数字小键盘之间，由10个键组成，在文字的编辑中有着特殊的控制功能。包括【Insert】键、【Home】键、【PageUp】键、【Delete】键、【End】键、【PageDown】键以及上下左右4个方向键。

数字键区——位于键盘的最右边，又称小键盘区。该键区兼有数字键和编辑键的功能，包括从0到9在内的10个数字键、加减乘除4个运算符号键、【Enter】键、【.】键、【Num Lock】键。【Num Lock】键用于开启/关闭数字小键盘区，只有在指示灯亮起的情况下，数字小键盘区才处于开启状态。

状态指示区——该区有3个指示灯，主要用于提示键盘的工作状态。其中，【Num Lock】灯亮时表示可以使用小键盘区输入数字；【Caps Lock】灯亮时表示按字母键时输入的是大写字母；【Scroll Lock】灯亮时表示屏幕被锁定。

☑ 小知识 3-1 --

掌握一些电脑快捷键的使用小技巧，可以让键盘上某一个或某几个键的组合完成一条功能命令，从而达到降低操作电脑耗时、提高电脑操作速度的目的。善用快捷键除了可以更快捷地使用电脑，也是由新手变高手的蜕变。以下介绍几种文字处理软件的常用快捷键使用技巧，见表3-1。

表 3-1 常用快捷键

快捷键	功能介绍
【F1】	显示当前程序或者 Windows 的帮助内容
【F2】	选中一个文件并按 F2，可以"重命名"
【F4】	重复上一个电脑操作步骤
【F6】	在文档界面可以实现快捷打开"翻译"功能界面
【F7】	在文档界面可以实现快捷打开"拼写检查"功能界面
【F10】	激活当前程序的菜单栏
【F12】	将编辑好的 Excel 或 Word 文档"另存为"
【Ctrl】+【A】	选中当前页面的全部内容
【Ctrl】+【C】	复制当前选中的内容
【Ctrl】+【X】	剪切当前选中的内容
【Ctrl】+【D】	在文档页面可以打开"字体对话框"
【Ctrl】+【F】	在当前页面可以快捷打开"查找"页面
【Ctrl】+【H】	在当前页面可以快捷打开"查找和替换"页面
【Ctrl】+【B】	可以对选中的文字进行"加粗"，重复操作可以取消
【Ctrl】+【I】	可以对选中的文字进行"倾斜"，重复操作可以取消
【Ctrl】+【U】	可以对选中的文字进行"下划线"，重复操作可以取消
【Ctrl】+【E】	"居中"操作
【Ctrl】+【J】	"两端对齐"操作
【Ctrl】+【L】	"左对齐"操作
【Ctrl】+【R】	"右对齐"操作
【Ctrl】+【N】	新建空白文档
【Ctrl】+【O】	打开新的文档
【Ctrl】+【P】	打印文档
【Ctrl】+【S】	保存文件
【Ctrl】+【Z】	撤销上一步操作
【Ctrl】+【1】	可以对选中的内容进行单倍行距的快捷操作
【Ctrl】+【2】	可以对选中的内容进行 2 倍行距的快捷操作
【Ctrl】+【5】	可以对选中的内容进行 1.5 倍行距的快捷操作
【Ctrl】+【Alt】+【A】	可以进行截图操作
【Ctrl】+【Tab】	对打开的多个文档进行切换

二、操作键盘

（一）操作键盘的正确姿势

在打字时，不正确的坐姿会导致身体疲劳，时间长了还会对身体的其他方面产生不良影响，而打字姿势的正确与否直接影响打字的效率。因此，正确的坐姿和打字姿势非常重要。

（1）上半身以腰部为轴心，应挺直脊梁，让颈部保持直立，使头部获得足够的支撑，两肩自然下垂，上臂贴近身体，手肘弯曲至90度，在操作键盘或鼠标的时候，尽量使手腕与桌面保持水平（将鼠标手垫放在手腕下方垫着，可以使手腕更舒适，预防"鼠标手"的产生）。

（2）选择符合人体工学设计的专用电脑桌、电脑椅，人坐在上面要保持"三个直角"：膝盖处形成第一个直角，大腿和后背形成第二个直角，手肘形成第三个直角，腰部和背部要贴近有支撑作用的椅背上，手臂自然下垂，将手肘放在扶手上。

（3）两旁的文件应与显示器屏幕并排，双眼平视显示器中间的位置，与显示器保持60厘米的距离，显示器屏幕上所显示的第一排字最好位于视线下约3厘米的地方，让眼睛形成微微向下注视显示器屏幕的角度，使颈部肌肉得到放松，见图3-2。

图3-2　操作键盘的正确姿势

（4）使用笔记本或桌面电脑进行键盘操作，每隔1小时就应休息5~10分钟，利用休息的空当，做做柔软体操或局部按摩，在放松身体的同时，也可以缓解眼睛和大脑的疲劳。另外，别忘记喝点水、洗把脸，养成定时运动、定时清洁的好习惯。

（二）操作键盘的正确指法

1.正确的指法

每个手指都要分工明确，有各自负责的区域。只有熟记键盘的每个键位，才能做到在打字时每个手指各司其职，不出现越位击键等情况。手指不击键时，每个指尖要放在基准键位上，手指自然弯曲，呈弓形。每个手指负责四排的按键区域，在点击完上排或下排的按键后，手指要回归到基准键位上，这样才能在再次击键时以最快的速度反应。击键时不要用力过大，不要晃动手臂，要靠手腕和手指的灵活移动来找到按键并完成击键。

2.正确的力度

击键要用指肚，而不是用指尖。击键要果断，要用手指的力量，不要用手腕的力量。击键的力度要适中，不应过重，也不应过轻。过重时，有可能导致屏幕出现两个或两个以上相同的字符；过轻时，则有可能无法有效输入，事倍功半。击键的手指不应抬太高，太高的话，一是影响击键效率，二是手指容易疲劳，对身体无益。在平时练习时要多体会击键的力度和节奏，养成良好的击键习惯。

（三）指法训练

1.基准键位与手指的对应关系

基准键位是指用户使用电脑键盘时的标准手指位置。基准键位共有8个字符键，分别是A、S、D、F、J、K、L、；键。其中，F键和J键上分别有一个凸起，通常称之为盲打坐标，这是为操作者不看键盘就能通过触摸此键来确定基准位而设置的。在操作过程中，左手小指、无名指、中指和食指分别轻放在A、S、D、F键上，右手食指、中指、无名指和小指分别轻放在J、K、L、；键上。基准键位与手指的对应关系见表3-2。

表3-2   基准键位与手指的对应关系

A	S	D	F	G	H	J	K	L	；
小指	无名指	中指	食指			食指	中指	无名指	小指
左手						右手			

2.键入指法

键入指法的第一部分就是使用者把双手依照图3-3的位置放在键盘上，即让你的左手食指放在字母F上，右手食指放在字母J上，然后将四指并列对齐分别放在相邻的键钮上。

图3-3 键入指法

键入指法的第二部分是手指的"平行"移动规律。也就是说，从把手放到键盘上起，每个手的4个手指就要并列对齐并且"同上同下"。

键入指法的第三部分是倾斜移动原则，即无论是左手还是右手，都要遵从"左高右低"的方式上下移动。也就是说，左手的食指的移动规范是4、R、F、V一条线，右手食指的移动规范是7、U、J、M一条线。其中挨着左手食指的5、T、G、B由左手食指去打，同理，靠着右手食指的6、Y、H、N 4个键由右手食指去打。当你对标准指法有了初步印象后，就可以了解键盘上其他键的手指分工了。键盘上的手指分工见图3-4。

图3-4 键盘上的手指分工

3.字符键的击键方法

对于初学者来说，一定要严格按照操作键盘的正确姿势、正确的手指分工及击键方法进行操作，为提高打字速度奠定良好的基础。此外，还应养成"盲打"（即打字时不看键盘）的习惯，否则一旦养成错误的习惯就很难纠正。

击键时，手指略向内弯曲，以指头快速地在键上敲击，瞬间发力，并立即反弹。注意一定不要以指尖击键，且应注意是"敲"而不是用力"按"。手指和手腕要灵活，不要靠手臂的运动来找到键位。敲键盘时，只有击键手指做动作，其他手指放在基本键位不动。击键的速度要均匀，用力要轻，有节奏感，不可用力过猛、按键过重。击键完毕，手指迅速回到基本键位上，准备下一次击键。

4.空格键的击法

左右两手大拇指负责空格键，根据两手击键的具体位置，方便的一手拇指向下一击立即回归，每击一次输入一次空格。

5.换行键的击法

需要换行时，右手小指击一次Enter键，随后右手立即退回基准键位；在回归过程中小指弯曲，以免带入";"键。

6.Shift键的击法

左右两侧的Shift键分别由左右两手的小指负责。当左手输入负责的上档字符时，右手小指按住Shift键配合左手输入上档字符；反之，当右手输入负责的上档字符时，左手小指按住Shift键配合右手输入上档字符。要养成双手配合操作的习惯。

7.注意事项

当进行打字时，应当避免持续低头盯着键盘，而是应当逐渐适应并练习盲打技巧。这样做不仅可以显著提升打字的速度和效率，还能够大幅度降低出错的概率。同时，在打字的过程中，需要清晰地理解每个字母或符号的击键顺序，不能随意颠倒。为了确保打字的准确性，必须精确掌握基准键位的具体位置，并且在击键后，手指应当准确无误地回归至基准键位。

此外，要特别注意不要混淆左手和右手各自负责的区域。每个手指都有其明确的分工，如果发生混淆，很容易导致输入错误。例如，如果某个区域被设定为左手负责，那么就不应使用右手进行输入，否则会出现双手冲突的现象。

在练习打字时，速度并不是唯一的目标。过分追求速度可能会导致漏打或错打的情况。因此，应当注重打字的准确性和稳定性，而不是单纯追求速度。

对于初学者来说，击键时可能会遇到错击邻键的问题。这通常是由于手指的灵活度不足或者尚未牢记按键的位置所导致的。为了解决这个问题，需要多加练习，并逐渐提高手指的灵活性和准确性。

请同学们扫码观看视频3-1，学习键盘操作的正确姿势。

视频3-1

键盘操作的
正确姿势

实践训练

一、实训内容
请使用"金山打字通"（最新版本）练习键盘指法。

二、实训目的
请使用"金山打字通"（最新版本）练习键盘指法，通过练习帮助记忆键盘各键位的位置，掌握操作键盘的正确方法，并提高手指的击键速度。

三、实训考核
在打字软件中设置指法练习比赛模式，让学生自行测试自己的指法点击正确率以及速度。

任务二　五笔录入基本规则

任务导入

拼音输入法是使用26个英文字母的排列组合来拼出一个个汉字，而五笔输入法是通过字根的排列组合来完成的。什么是字根？字根的组合方法是什么？如何记忆五笔字根？这些正是本任务要学习的内容。

知识要点

五笔输入法是一种汉字输入法，其实很简单，但是必须记住字根，才能熟练打字。五笔输入法相比于拼音输入法具有低重码率的特点，熟练后可快速提高打字效率。

五笔输入法是通过对汉字结构的分析、拆分后进行编码设计的，想要掌握五笔输入法，就要先了解汉字的结构。

一、认识汉字

汉字起源于象形文字，象形文字讲求形似，不计笔画的曲直，最初的笔画类似于图形符号，被规范后逐渐形成了现在的汉字笔画。汉字是由笔画组成的，若干笔画交叉或衔接，组成相对不变的结构，我们称这个结构为偏旁部首。在五笔输入法中，绝大部分字根是汉字的偏旁部首，字根是组成汉字的基本单位，将字根按照一定的规则进行编码，打字时，按顺序输入编码，就会打出相应的汉字。

五笔输入法就是从结构上将汉字分为笔画、字根和单字三个层次。在五笔输入法中，由笔画构成字根，再由字根组成汉字。

（一）汉字的基本笔画

汉字的结构属性可分为笔画、字根和单字。笔画是构成汉字字形的各种特定的点和线，也是汉字的最小结构单位；字根是由若干笔画构成的，即字根是由基本笔画组成的最基本的结构单元；单字是由字根按一定位置拼合而成的。人们在辨认汉字时，就利用了汉字的字根结构特点，而五笔输入法的学习基础也是要了解字根、拆解字根，这就需要先来学习汉字的笔画。根据楷书书写要求，从落笔到抬笔即为一笔，又叫一画，合称笔画，笔画的具体形状叫笔形。在五笔输入法的学习中，我们将汉字的笔画分为五种，分别是：横（一）、竖（丨）、撇（丿）、捺（点）（丶）、折（一），见表3-3。

表3-3   汉字的五种基本笔画

笔画名称	笔画走向	笔画及其变形
横	左→右	一 丿
竖	上→下	丨 亅
撇	右上→左下	丿
捺（点）	左上→右下	丶 乀
折	带转折	乙、一、乚 等

横：在五笔输入法中，凡是运笔方向是从左到右或是从左下到右上的笔画都称为"横"。除了普遍见到的"一""十"字的"横"外，书写时的"提（挑）笔"也被视为"横"，比如"刁"字的第二笔是"提（挑）"，在五笔输入法中属于"横"。

竖：在五笔输入法中，凡是运笔方向是从上到下的笔画都称为"竖"，"竖钩"也包括其中。比如，除"干""口"字的"竖"外，"才"的第二笔、"寸"字的第二笔，都是"竖钩"，属于"竖"的范畴。

撇：在五笔输入法中，凡是运笔方向是从右上到左下的笔画都称为"撇"，比如"告"和"付""爸"字第一笔都是"撇"。

捺：在五笔输入法中，凡是运笔方向是从左上到右下的笔画都称为"捺"。除了像"人""个"字的"捺"外，像"文""安""学"字里面的点，在五笔输入法中都属于"捺"的范畴。

折：在五笔输入法中，凡是带转折的笔画（不包括竖钩），都被视为"折"，比如"买"字的第一笔，"儿"字的第二笔。

需要说明的是，除基本笔画外，我们还对汉字的具体形态结构中的笔势变形进行了归类，也就是只要笔画运笔方向是相同的以及是一笔连续写成的笔画，都可以归为同一类。例如，地、珍、执、冲、牧、培等左字部末笔的"提"均视为横笔画，文、寸、安、学等字中的点均视为捺笔画。

通过了解五笔输入法中对笔画的定义，我们可以清楚地分辨出它们的类型，有些笔画在五笔输入法中被视为属于某个基本笔画的变形，我们在判断时可以根据笔画的走向进行分辨。五笔输入法的核心就是上述这五种笔画，掌握这五种笔画的定义能为学习五笔输入法打下基础。

（二）汉字的书写顺序

掌握汉字的正确书写顺序对掌握五笔打字输入法极为重要。

1.一般规则

先撇后捺：如人、八、入等。

先横后竖：如十、王、干等。

从上到下：如三、竟、音等。

从左到右：如理、利、礼、明、湖等。

先外后里：如问、同、司等。

先外后里再封口：如国、圆、园、圈等。

先中间后两边：如小、水等。

2.补充规则

点在上部或左上，先写点：如衣、立、为等。

点在右上或在字里，后写点：如发、瓦、我等。

上右和上左包围结构的字，先外后里：如厅、座、屋等。

左下包围结构的字，先里后外：如远、建、廷等。

左下右包围结构的字，先里后外：如凶、画等。

左上右包围结构的字，先里后外：如同、用、风等。

上左下包围结构的字，先上后里再左下：如医、巨、匠、区等。

☑ 小知识 3-2 --

中国语言文字概况
（2021年版）

我国有56个民族，是一个多民族、多语言、多方言、多文字的国家。普通话和规范汉字是国家通用语言文字，是中华民族通用的语言文字。

汉语是我国使用人数最多的语言，也是世界上作为第一语言使用人数最多的语言。我国除汉族使用汉语外，回族、满族等也基本使用或转用汉语，其他民族都有自己的语言，许多民族都不同程度地转用或兼用汉语。

现代汉语有标准语和方言之分。普通话是现代汉语的标准语，以北京语音为标准音、以北方话为基础方言、以典范的现代白话文著作为语法规范。《中华人民共和国宪法》（以下简称《宪法》）规定："国家推广全国通用的普通话。"2000年10月31日颁布的《中华人民共和国国家通用语言文字法》（以下简称《国家通用语言文字法》）确定普通话为国家通用语言。

汉语方言通常分为十大方言：官话方言、晋方言、吴方言、闽方言、客家方言、粤方言、湘方言、赣方言、徽方言、平话土话。各方言区内又分布着若干次方言和许多种"土语"。其中使用人数最多的官话方言可分为东北官话、北京官话、冀鲁官话、胶辽官话、中原官话、兰银官话、江淮官话、西南官话八种次方言。

从语言的系属来看，我国56个民族使用的语言分别属于五大语系：汉藏语系、阿尔泰语系、南岛语系、南亚语系和印欧语系。汉藏语系分为汉语和藏缅语族、侗台语族、苗瑶语族。属于藏缅语族的有藏、嘉戎、门巴、仓洛、珞巴、羌、普米、独龙、景颇、彝、傈僳、哈尼、拉祜、白、纳西、基诺、怒苏、阿侬、柔若、土家、载瓦、阿昌等语言；属于苗瑶语族的有苗、布努、勉等语言；属于壮侗语族的有壮、布依、傣、侗、水、仫佬、毛南、拉珈、黎、仡佬等语言。阿尔泰语系分为蒙古、突厥、满-通古斯三个语族。属于蒙古语族的有蒙古、达斡尔、东乡、东部裕固、土、保安等语言；属于突厥语族的有维吾尔、哈萨克、柯尔克孜、乌孜别克、塔塔尔、撒拉、西部裕固、图佤等语言；属于满-通古斯语族的有满、锡伯、赫哲、鄂温克、鄂伦春等语言。属于南岛语系的是台湾高山族诸语言，还有海南回族的回辉话。属于南亚语系孟高棉语族的有佤、德昂、布朗、克木等语言。属于印欧语系的是属斯拉夫语族的俄语和属伊朗语族的塔吉克语。朝鲜语的系属尚未取得统一意见。

我国有约30种文字。汉字是记录汉语的文字。除汉族使用汉字以外，我国相当多的少数民族以汉字书写他们的书面语言。汉字系文字在历史上还用于记录中国的一些少数民族语言和东亚、东南亚部分国家的语言。汉字在殷商时期（公元前16—17世纪）形成完整的文字体系，其字体的演变经历了甲骨文、金文、篆书、隶书、楷书等阶段。汉字从未间断地使用至今。《国家通用语言文字法》确定规范汉字为国家通用文字。

自20世纪50年代以来，国家对现行汉字进行整理和简化，制定公布了《第一批异体字整理表》《简化字总表》《印刷通用汉字字形表》《现代汉语常用字表》《现代汉语通用字表》《GB13000.1字符集：汉字字序（笔画序）规范》等标准。2013年6月5日，《国务院关于公布〈通用规范汉字表〉的通知》（国发〔2013〕23号）发布。《通用规范汉字表》是贯彻《国家通用语言文字法》，适应新形势下社会各领域汉字应用需要的重要的汉字规范标准。《通用规范汉字表》公布后，社会一般应用领域的汉字使用以《通用规范汉字表》为准，原有相关字表停止使用。

中华人民共和国成立前，有21个少数民族有自己的文字。中华人民共和国成立后，政府为壮、布依、彝、苗、哈尼、傈僳、纳西、侗、佤、黎、土、羌等民族制订了文字方案。

我国的文字从文字类型上看有表意文字、意音文字、音素文字、音节文字，从字母文字体系上看有古印度字母、回鹘文字母、阿拉伯字母、仿汉字系、拉丁字母形式等。

1958年2月11日，第一届全国人民代表大会第五次会议通过决议公布《汉语拼音方案》。《国家通用语言文字法》规定："国家通用语言文字以《汉语拼音方案》作为拼写和注音工具。《汉语拼音方案》是中国人名、地名和中文文献罗马字母拼写法的统一规范，并用于汉字不便或不能使用的领域。"《汉语拼音方案》也是中国人名、地名和中文文献罗马字母拼写法的国际标准。

《宪法》规定："各民族都有使用和发展自己的语言文字的自由"。《中华人民共和国民族区域自治法》规定："民族自治地方的自治机关保障本地方各民族都有使用和发展自己的语言文字的自由"。《中华人民共和国教育法》规定：国家通用语言文字为学校及其他教育机构的基本教育教学语言文字，学校及其他教育机构应当使用国家通用语言文字进行教育教学。《国家通用语言文字法》规定："国家推广普通话，推行规范汉字"。国家的语言文字方针政策和法律法规，对维护国家统一、民族团结，构建和谐健康的语言生活，促进经济、社会、文化、教育的发展具有重要意义。

推广国家通用语言文字是《宪法》规定的责任，是铸牢中华民族共同体意识的有效途径。多年来，我国坚持不懈地推广普及国家通用语言文字。到2020年，全国普通话普及率已经达到80.72%，识字人口使用规范汉字的比例超过95%。

党的十八大以来，全国语言文字系统充分发挥语言文字事业在培育和践行社会主义核心价值观、全面提高公民科学文化素质、增强文化软实力、增进民族凝聚力等方面的独特作用，扎实推进语言文字事业发展。党的十九大以来，语言文字工作战线以习近平新时代中国特色社会主义思想为指导，深入贯彻落实习近平总书记关于教育的重要论述和语言文字工作重要指示批示精神，围绕决胜全面建成小康社会和服务国家发展需求，推动语言文字事业取得重大进展。全国语言文字会议胜利召开，对新时代语言文字事业改革发展做出全面系统部署。推普助力脱贫攻坚成效显著，国家通用语言文字在全国范围内基本普及、语言交际障碍基本消除。语言文字法律法规体系、规范标准体系日益完善，语言文字工作依法治理能力明显提升。中华优秀语言文化创新发展，语言文化活动精彩纷呈。语言文字信息化建设迈上新台阶，语言服务能力进一步增强。语言文化交流合作不断深化。语言文字事业在铸牢中华民族共同体意识、服务国计民生、坚定文化自信、构建人类命运共同体中的基础性地位和作用更加凸显。

资料来源：教育部.中国语言文字概况（2021年版）[EB/OL].[2021-08-27]. http://www.moe.gov.cn/jyb_sjzl/wenzi/202108/t20210827_554992.html.

（三）汉字的字型信息

在向计算机输入汉字时，只告诉计算机该字是由哪几个字根组成的，往往还不够，如"叭"和"只"字，都是由"口"和"八"两个字根组成的，虽然字根相同，但是字根所处的位置不同导致字不同，因此，在五笔输入法中，了解字根之间的位置关系非常重要。

在五笔字型输入法中，为获取字型信息，把汉字的字型信息分成三类：

左右型：左右部位结构的汉字，例如肚、拥、咽、枫等。虽然"枫"的右边是两个基本字根按内外型组合成的，但整字仍属于左右型。

上下型：部位结构是上下型的字，例如字、节、看、意、想、花等。

杂合型：指汉字的结构没有明确的左右关系或上下关系，此类汉字统称为杂合型。所以，除左右型和上下型以外的汉字都属于杂合型。杂合型汉字可以分为单体和包围这两种类型。

单体：只有一个字根，或者不能拆分为两个字根的汉字类型，如"日""口""人""上"等。

包围：汉字中的字根是全包围或者是半包围的结构，如"困""团""甩""运"等。

除以上两种以外，杂合型还有三种类型：一个字根和一个笔画组成的汉字，如"刃""天""户""太"等；带有独立点的汉字，如"火""书""术""勺"等；由字根交叉套叠组成汉字，如"果""重""申""冉"等。

请同学们扫码观看视频3-2，认识汉字的层次及基本笔画。

视频3-2

认识汉字的层次及基本笔画

二、认识五笔字根

五笔字根是五笔输入法的基本单元，由王永民在1983年8月发明。练好五笔字根是学习五笔字型的首要条件。五笔输入法自1983年诞生以来，共有三代定型版本：第一代的86版、第二代的98版和第三代的新世纪版。这三种五笔统称为王码五笔。其中，86版五笔编码使用最早、最为流行，也是最基础的，五笔输入法的初学者一般都使用此版本。后面两个版本的五笔编码是在86版的基础上升级而来，只有少数字根或字根分布不同，大部分汉字的编码都没有改，编码规则也保持一致，只要记住少数变动的字根，专门挑那些编码不同的字多练习几次，就可以由原来熟悉的86版五笔编码过渡到新版五笔编码。其他五笔输入法如极点五笔、万能五笔、智能五笔、QQ五笔、搜狗五笔等，是个人或企业所开发的五笔输入法软件，大部分采用的都是86版五笔编码标准。所以，本书教学使用的是86版五笔编码。

字根大部分是新华字典上的偏旁部首，也有一些不同，五笔输入法的原理就是：每个汉字都由字根组成，如"好"字由字根"女"和字根"子"组成，"们"由字根"亻"和字根"门"组成，所以如果能记住每个字根分布在哪个字母键上，那么打汉字便是很容易的事了。五笔字型编码方案从大量的字根中优选出130个使用频率相对较高的字根，作为基本字根，以字根为基本单位对汉字进行编码，而笔画只在非基本字根拆分或识别码中起辅助作用。

（一）五笔字根及其在键盘上的排列

在五笔字型编码输入法中，选取了组字能力强、出现次数多的130个左右的部件作为基本字根，其余所有的字，包括那些虽然也能作为字根，但是在五笔字型中没有被选为基本字根的部件，在输入时都要被拆分成基本字根的组合。

为了使用方便，根据键盘的结构及字形特点，将A～Z 26个英文字母键中的"Z"保留，按基本的5种单笔笔画字根的第一个笔画的类别，各对应英文字母键盘的一个区。以横起笔的为第一区，以竖起笔的为第二区，以撇起笔的为第三区，以捺（点）起笔的为第四区，以折起笔的为第五区。每区有5个键位，即5×5=25个键位的一个字根键盘，键盘的位号以中部的键为起点，向左右两端顺序排列，这就是分区划位的

"五笔字型"字根键盘，如图3-5所示。

图3-5 五笔字型基本字根排列图

基本字根的键位安排如下：

1区：GFDSA，安排以横起笔的基本字根。

2区：HJKLM，安排以竖起笔的基本字根。

3区：TREWQ，安排以撇起笔的基本字根。

4区：YUIOP，安排以捺（点）起笔的基本字根。

5区：NBVCX，安排以折起笔的基本字根。

这样安排的目的是使基本字根起笔笔画的代号正好与区号一致。因此，要查找某一个字根在哪一个分区，通过判断这个字根的起笔笔画就能基本确定。如字根"目"，它的起笔笔画是"丨"，而竖的代号是2，因而"目"这个字根在2区。

1区——横起笔类

1区一共有27种字根，分为王（G）、土（F）、大（D）、木（S）、工（A）5个键位。

2区——竖起笔类

2区一共有23种字根，分为目（H）、日（J）、口（K）、田（L）、山（M）5个键位。

3区——撇起笔类

3区一共有29种字根，分为禾（T）、白（R）、月（E）、人（W）、金（Q）5个键位。

4区——捺起笔类

4区一共有23种字根，分为言（Y）、立（U）、水（I）、火（O）、之（P）5个键位。

5区——折起笔类

5区一共有28种字根，分为已（N）、子（B）、女（V）、又（C）、幺（X）5个键位。

将区位号与键盘结合起来观察可以看出，每个分区中的号位是从中间（G、H两个键）向键盘两端顺序排列的。每个键都有一个区位号。例如：字母S键的区位号是

"14"，第一个"1"表示字母S键的区号，第二个"4"表示字母S键在这个区中的位号，其他字母键的区位号表示及含义以此类推。因此，通过区位号就能准确地定位每个字母键的位置。

（二）巧记五笔字根

五笔字型对键盘划分区位后，把130个基本字根按字根起笔的代号来分区安排，每个键上都安排了数量不等的基本字根，要学会五笔字型输入法，必须从熟悉字根表开始。图3-6为五笔字根图。

图3-6　五笔字根图

1区——横起笔类

11G：王旁青头戋五一

12F：土士二干十寸雨，

13D：大犬三羊古石厂

14S：木丁西在一四里

15A：工戈草头右框七

2区——竖起笔类

21H：目止具头卜虎皮

22J：日早两竖与虫依

23K：口中一川三个竖

24L：田甲方框四车力

25M：山由骨头贝框几

3区——撇起笔类

31T：禾竹反文双人立

32R：白斤气头手边提

33E：月乃用舟家衣下

34W：人八登祭把头取

35Q：金夕犭儿包头鱼

4区——捺起笔类

41Y：言文方广在四一

42U：立辛两点病门里

43I：水族三点兴头小

44O：火业头四点米

45P：之字宝盖补 礻 衤

5区——折起笔类

51N：已类左框心尸羽

52B：子耳了也框上举

53V：女刀九 巛 臼山倒

54C：又巴劲头私马依

55X：绞丝互幺弓和匕

注：11.戈读兼 13.羊指 ⺶ 35.犭读犬

45.礻读示 45.衤读衣 53.巛读川

53.臼读旧 54.私指厶 55.幺读腰①

请同学们扫码观看视频3-3，学习五笔字型基本字根。

视频3-3

五笔字型基本
字根讲解

☑ 小知识3-3 --

手持式单指单张操作时，扇面要均匀，扇面的宽度要适宜，右手拇指捻钞时下拉的幅度要小。其关键是掌握方法，做到"择一而精"。

五笔字根有86版、98版和新世纪版三种，现教材里介绍的字根是86版，在此附上98版和新世纪版两个版本，供同学们参考学习。

一、第二代五笔字型（98版）字根助记歌②

1区横起笔：

11G：王旁青头五夫一

12F：土干十寸未甘雨

13D：大犬戊其古石厂

14S：木丁西甫一四里

15A：工戈草头右框七

2区竖起笔：

21H：目上卜止虎头具

22J：日早两竖与虫依

23K：口中两川三个竖

①第一代五笔字型（86版）字根助记歌，内容来自于王码五笔输入法官网（http://www.wangma.net.cn/InfoMationDetail.aspx？sm=5&m=94）。
②根据王码五笔输入法官网资料整理。

24L：田甲方框四车里

25M：山由贝骨下框集

3区撇起笔：

31T：禾竹反文双人立

32R：白斤气丘叉手提

33E：月用力豸毛衣臼

34W：人八登头单人几

35Q：金夕义儿包头鱼

4区点起笔：

41Y：言文方点谁人去

42U：立辛六羊病门里

43I：水族三点鳖头小

44O：火业广鹿四点米

45P：之字宝盖补衤礻

5区折起笔：

51N：已类左框心尸羽

52B：子耳了也乃框皮

53V：女刀九艮山西倒

54C：又巴牛厶马失蹄

55X：幺母贯头弓和匕

二、第三代五笔字型（新世纪版）字根助记歌[①]

为保持技术的连续性，第三代五笔字型（新世纪版）的25个"键名"没有变动。新设计的字根体系更加符合分区划位规律，更加科学、易记且实用，按规范笔顺写汉字的人，取码输入将得心应手。

1区横起笔：

11G：王旁青头五一提

12F：土士二干十寸雨

13D：大三肆头古石厂

14S：木丁西边要无女

15A：工戈草头右框七

2区竖起笔：

21H：目止具头卜虎皮

22J：日曰两竖与虫依

23K：口中两川三个竖

24L：田框四车甲单底

25M：山由贝骨下框里

---

①根据王码五笔输入法官网资料整理。

3区撇起笔：

31T：禾竹牛旁卧人立

32R：白斤气头叉手提

33E：月舟衣力豕豸臼

34W：人八登祭风头几

35Q：金夕犭儿包头鱼

4区点起笔：

41Y：言文方点在四一

42U：立带两点病门里

43I：水边一族三点小

44O：火变三态广二米

45P：之字宝盖补示衣

5区折起笔：

51N：已类左框心尸羽

52B：子耳了也乃齿底

53V：女刀九巡录无水

54C：又巴甬矣马失蹄

55X：幺母绞丝弓三匕

（三）Z键的用法

从五笔字型的字根键位图可见，26个英文字母键只用了 A～Y 共 25 个键，Z 键用于辅助学习。

Z键可以代替任何字根，因此被称为万能键，又叫学习键。Z键还可以代替识别码。在输入汉字时，如果汉字编码中的某个代码难以确定，其未知代码可用 Z 键代替。输入含有 Z 的编码，在提示行可以找到输入的汉字，再按其序号相对应的数字键，该汉字便可输入。

三、五笔输入法的编码规则

（一）汉字拆分原则

每个汉字都由一个或多个字根组成，五笔字型输入法在输入汉字时，首先要把汉字拆分为各种基本字根。拆分汉字应遵循以下规则：

1.书写顺序原则

按书写顺序拆分汉字是最基本的拆分原则。书写顺序通常为从左到右、从上到下、从外到内及综合应用，拆分时也应该按照该顺序来拆分。

例如，汉字"则"拆分成"贝、刂"，而不能拆分成"刂、贝"；汉字"名"拆分成"夕、口"，而不能拆分成"口、夕"；汉字"因"拆分成"口、大"，而不能拆分成"大、口"；汉字"坦"拆分成"土、日、一"，而不能拆分成"日、一、土"等，以保证字根序列正确的顺序。

2.取大优先原则

"取大优先"是指在拆分时，对于笔画相连的结构，拆成笔画和字根；对于笔画相交的结构，按书写顺序拆分，并保证拆出来的都是最大的基本字根，字根的数量最少。所以，在"取大优先"时应遵循两个要点：一是拆分出来的字根笔画尽量多，二是拆分出来的字根数量尽量少。如"世"字，应最大限度保证字根数量最少，将其拆分成"廿、乙"，而不是将其拆分成三个字根。同理，如"草"字，按书写顺序原则可拆分为"艹、日、十"，但遵循取大优先原则，使拆分后的字根笔画数尽量多，则应为拆为"艹、早"。

课堂训练3-1

总之，"取大优先"，俗称"尽量往前凑"，是在汉字拆分中最常用到的基本原则。至于什么才算"大"，"大"到什么程度才到"边"，这就要求熟悉字根总表。

3.兼顾直观原则

在拆分汉字时，为了照顾汉字字根的完整性，有时不得不牺牲一下"书写顺序"和"取大优先"的原则，形成了个别例外的情况。

例如，"国"按"书写顺序"原则应拆成"冂、王、丶、一"，但这样便破坏了汉字构造的直观性，故只好违背"书写顺序"原则，拆成"囗、王、丶"了。再如，"自"按"取大优先"原则应拆成"白、一"，但这样拆，不仅不直观，而且也有悖于"自"字的字源（这个字的字源是"一个手指指着鼻子"），故只能拆成"丿、目"，这叫作"兼顾直观"原则。

4.能连不交原则

能连不交是指当一个汉字既可以拆分成相连的几个部分，也可以拆分成相交的几个部分时，相连的拆字法是正确的。

例如，"于"可拆分为"一、十"（二者是相连的）或"二、丨"（二者是相交的）；"丑"可拆分为"乙、土"（二者是相连的）或"刀、二"（二者是相交的）。当一个字既可拆成相连的几个部分，也可拆成相交的几个部分时，一般认为相连的拆法是正确的，因为相连比相交更为直观。

5.能散不连原则

能散不连是指当一个汉字被拆分成几个部分，而这几个部分又是复笔字根，它们之间的关系既可为"散"，也可为"连"，此时按"散"拆分。

例如，"倡"的三个字根之间是"散"的关系；"自"首笔"丿"与"目"之间是"连"的关系；"夷"的字根"一、弓"与"人"是"交"的关系。字根之间的关系，决定了汉字的字型（上下、左右、杂合）。

几个字根都"交""连"在一起的，如"夷""丙"等，便是"杂合型"字，属于能散不连型字，不会有争议。而散字根结构必定是取大优先型或兼顾直观型字。

值得注意的是，有时候一个汉字被拆成的几个部分都是复笔字根（不是单笔画），它们之间的关系在"散"和"连"之间模棱两可。例如，"占"可拆分为"卜""口"，两者按"连"处理，便是杂合型（能连不交型）；两者按"散"处理，便是上下型（兼顾直观型正确）。又如，"严"可拆分为"一""吅""厂"，后两者按"连"处理，便是杂合型（能连不交型）；后两者按"散"处理，便是上下型（兼顾直观型）。当遇到这种既能"散"，又能"连"的情况时，一般规定：只要不是单笔画，一律按能散不连原则判别。因此，以上两例中的"占"和"严"，都被认为是上下型。

对于初学者来说，往往把握不准一个键外汉字该如何拆分，特别是字形结构不容易直接区分时，容易出现由于拆分错误而不能输入汉字的情况。遇到这种情况，需要冷静思考，从概念上理解散根、连笔结构，从拆分原则上理解取大优先，兼顾直观，以及散、连、交的优先级别。当然，最好的方法是多进行练习。

拆字过程中，需要注意以下事项：

（1）一个笔画不能被割断用在两个字根中。例如："里"不能拆成"田""土"两个字根，因为"土"中的"丨"被分割为了上下两段。

（2）拆字时应优先考虑书写顺序。

（3）只有表外字才需要进行拆分，表内字是无须拆分的。

6.复合字编码规则

按上述原则拆分以后，按字根的多少分别处理：

（1）刚好四个字根，依次取该四个字根的编码输入。

例如："到"字拆分成"一、厶、土、刂"，则其编码为GCFJ。

（2）超过四个字根，则取一、二、三、末四个字根的编码输入。

例如："酸"字取"西、一、厶、文"编码为SGCT。

（3）不足四个字根，加上一个末笔字型交叉识别码，若仍不足四码，则再加一个空格键。

（二）末笔字型交叉识别码

对于不足四码的汉字，例如："汉"字拆分成"氵、又"，只有IC两个码，因此要增加一个末笔字型交叉识别码Y。

下面举个例子来说明它的必需性。例如："汀"字拆分成"氵、丁"，编码为IS，"沐"字拆分成"氵、木"，编码也为IS；"洒"字拆分成"氵、西"编码也为IS。这是因为"木""丁""西"三个字根都是在S键上，就这样输入，计算机无法区分它们。

为了进一步区分这些字，五笔字型编码输入法中引入一个末笔字型交叉识别码，它是由字的末笔笔画和字型信息共同构成的。末笔笔画有5种，字型信息有3类，因此，末笔字型交叉识别码有15种，见表3-4。

表3-4　　　　　　　　　　末笔字型交叉识别码表

字型 末笔笔形	左右型 1	上下型 2	杂合型 3
横 1	11G	12F	13D
竖 2	21H	22J	23K
撇 3	31T	32R	33E
捺 4	41Y	42U	43I
折 5	51N	52B	53V

视频3-4

五笔字型的
输入规则

从表3-4中可见，"汉"字的交叉识别码为Y，"字"字的交叉识别码为F，"沐""汀""洒"字的交叉识别码分别为Y、H、G。如果字根编码和末笔交叉识别码都一样，这些汉字称重码字。对重码字只有进行选择操作，才能获得需要的汉字。

工匠风采

改革创新，书写时代发展答卷——
探寻"王码五笔字型"发明人王永民的初心使命

我们必须坚定文化自信、文字自信。我们要让汉字融入高科技，把书写在古籍里的汉字"打出来"，若不普及"形码"打字，字形渐行渐远，汉字将陷入新的危机——越来越多的人会"得音忘形"，提笔忘字。

3 000多年前，河南安阳出现甲骨文，中华民族走出结绳记事年代；1 000多年前，河南人许慎编著《说文解字》，第一部规范性汉字字典问世；40多年前，数字时代来临，在汉字面临"存与亡"的时刻，南阳人王永民发明了王码五笔字型，解决了汉字输入关键性难题。2018年，在庆祝改革开放40周年大会上，王永民被授予"改革先锋"荣誉称号。

在中国共产党成立百年之际，记者采访了"当代毕昇"王永民和他在南阳的老同事，聆听王永民发明五笔字型幕后的故事，感受王永民坚守"爱国、务实、创新"的初心使命。

五笔字型输入法，将中国带入信息时代。作为一项中国人自主发明的原创性重大成果，五笔字型输入法为汉字"走拼音化道路"画上了休止符。励精图治，攻坚克难，历时5年，研究成功五笔字型输入法的王永民，被人们称为"把中国带入信息时代的人"。

从20世纪70年代末开始研发五笔字型输入法，王永民近乎用了一生去研究推广这件关乎国计民生的发明，所带来的是中国信息化的蓬勃发展。在家乡，南阳人正继承着他勇于创新、爱国务实的初心使命，奋勇争先建设美好家园。

资料来源：佚名. 改革创新，书写时代发展答卷——探寻"王码五笔字型"发明人王永民的初心使命［EB/OL］.［2021-06-25］. https://baijiahao.baidu.com/s? id=1704119612562534832&wfr=spider&for=pc.经过改编。

启示：

党的二十大报告提出："坚持发扬斗争精神。增强全党全国各族人民的志气、骨气、底气，不信邪、不怕鬼、不怕压，知难而进、迎难而上，统筹发展和安全，全力战胜前进道路上各种困难和挑战，依靠顽强斗争打开事业发展新天地。"王永民始终坚守"爱国、务实、创新"的初心使命，发扬中国人民不怕苦、不怕累的精神，迎难而上，攻坚克难，甘于奉献，做奋斗者。新时代下，更需要负重前行的奉献者。"功成不必在我，功成必定有我"，这是当代年轻人应该主动践行的精神。

实践训练

一、实训内容

使用"金山打字通"（最新版本）进行五笔输入法练习，着重熟悉并掌握字根在键盘上的位置，实现对字根的盲打。

二、实训目标

1.熟练掌握字根在键盘上的具体分布。

2.掌握五笔拆字的规则与方法。

三、实训考核

在打字软件中设置测试模式，对学生字根掌握的准确率进行考核。

任务三　键面字录入

任务导入

学习了五笔字根以及字根在键盘上的分布之后，我们发现每个键位助记词中第一个字本身就是一个汉字，还有一些键盘上的字根也是汉字。那么，这些汉字如何使用五笔输入法快速地打出？是否有特殊的技巧？这些正是本任务要学习的内容。

知识要点

在字根键盘的每一个键上都设置了数量不等的字根（其中部分字根本身就是汉字），利用这些字根可以组合出全部汉字。按照字根总表与汉字之间的包含关系，五笔字型输入法把这些汉字划分为键面字和键外字两大类。

键面字是指字根总表内是汉字的那些字根，又称为表内字，也可称为单根字，即它们只有一个字根，是一个整体，不能拆分。键外字是指字根总表以外的字，非单根字，它们必须由基本字根来组合，所以又称为合体字或表外字。

键面字和键外字的输入法完全不同。键面字和键外字还可以分为多种，具体见图3-7。

```
                        ┌ 键面字(单根字) ┌ 键名字
                        │               └ 成字字根
汉字与字根总表的关系 ┤
                        │               ┌ 两根字
                        └ 键外字(多根字、合体字) ┤ 三根字
                                        └ 四根及多根字
```

图3-7　汉字与字根总表的关系

一、键名字的输入方法

字根键盘每个键的左上角的字根被称为键名字，通常它是同一键上字根中组字频率较高的一个。五笔字型使用25个键，每个键都有一个键名字（除X键），共24个，见表3-5。

表3-5 键名字

	G	F	D	S	A
第一区	王	土	大	木	工
	H	J	K	L	M
第二区	目	日	口	田	山
	T	R	E	W	Q
第三区	禾	白	月	人	金
	Y	U	I	O	P
第四区	言	立	水	火	之
	N	B	V	C	X
第五区	己	子	女	又	幺（除外）

输入方法：连续击该键四次。例如：金——QQQQ，王——GGGG，山——MMMM。

二、成字字根的输入方法

成字字根——字根表中除了键名字以外的字根。

成字字根的输入方法：

第一步："报户口"，即按一下该字所在的键。

第二步：再按笔画输入三键，即该字的第一笔、第二笔和末笔所在的键。

例如："西"字，先击"西"字所在的键S"报户口"，再输入"一"、"丨"和末笔"一"（SGHG）。

成字字根有：一、五、戋、士、二、干、十、寸、雨、犬、三、古、石、厂、丁、西、七、弋、戈、廿、卜、上、止、曰、早、虫、川、甲、四、车、力、由、贝、几、竹、手、斤、乃、用、八、儿、夕、广、文、方、六、辛、门、小、米、己、巳、尸、心、羽、了、耳、也、刀、九、臼、巴、马、弓、匕。成字字根速查表见表3-6。

表3-6 　　　　　　　　　　　　　　　　成字字根速查表

序号	字根	编码	字根	编码	字根	编码	字根	编码	字根	编码
1	戈	GGGT	九	VT	辛	UYGH	心	NY	钅	QTGN
2	十	FGH	刀	VN	己	NNGN	爻	QQU	丬	UYGH
3	石	DGTG	用	ET	羽	NNYG	孓	BYI	疒	UYGG
4	厂	DGT	雨	FGHY	尸	NNGT	子	BNHG	氵	IYYG
5	西	SGHG	古	DGHG	四	LH	囱	TLQ	兀	FJJ
6	匕	XTN	犬	DGTY	六	UY	艮	VEI	刍	QVF
7	门	UYH	丁	SGH	方	YY	夭	TDI	凵	BNH
8	虫	JHNY	由	MH	米	OY	刂	JHH	扌	RGHG
9	皿	LHN	厶	CNY	早	JH	亠	YYG	巛	ENNN
10	广	YYGT	乙	NNLL	几	MT	廾	AGTH	灬	CNY
11	八	WTY	廿	AGH	马	CN	夂	TTGY	囗	OYYY
12	戋	AGNT	弋	AGNY	手	RT	夊	TTNY	衤	LHNG
13	巳	NNGN	卜	HHY	三	DG	丷	UYG	彳	TTH
14	耳	BGHG	日	JHNG	五	GG	冖	PYN	衤	PUI
15	白	VTH	川	KTHH	七	AG	勹	QTN	乏	PNY
16	巴	CNHN	甲	LHNH	车	LG	开	GJK	辶	PYNY
17	幺	XNNY	贝	MHNY	力	LT	毛	TAV	亻	WYG
18	弓	XNGN	竹	TTG	儿	QT	疋	NHI	忄	NYHY
19	土	FFFF	斤	RTTH	小	IH	彡	QTE	匚	AGN
20	士	FGHG	乃	ETN	止	HH	彡	ETTT	忄	QNB
21	干	FGGH	夕	QTNY	由	MH	聿	VHK		
22	寸	FGHY	文	YYGY	也	BN	艹	AGHH		

　　"乙"字是一个比较特殊的字，它的编码是NNL。在五笔字型的取码规则中还有一条，就是五种笔画的单笔输入。它规定，这五种单笔笔画输入方法是连续按两次该笔画所在区第一键，再按一次"L"键。"乙"字也可算是折的单笔画。其他四个单笔画为：一（GGL），丨（HHL），丿（TTL），丶（YYL）。"一"字因为是后面要提到的简码，所以也可不作为单笔输入。

实践训练

一、实训内容
请使用"金山打字通"（最新版本）进行键名字和成字字根的输入练习。
二、实训目标
掌握五笔打字中键名字和成字字根的输入方法。
三、实训考核
在打字软件中设置测试模式，对学生的打字情况予以评分。

任务四 键外字录入

任务导入

除了键名字和成字字根以外，大部分汉字都是键外字，我们需要掌握拆字、五笔字根的组合等方法去完成输入。五笔打字最大的优点就是每个汉字的输入最多只需敲击四次按键，所以相对于其他输入法，打字效率是最高的。

知识要点

在五笔键盘上，除了键名字和成字字根外，普通字根占有很大的比例。它们主要是由一些单笔画构成，结构相对比较简单。五笔字型一般敲四键就能输入一个汉字，为了提高速度，设计了简码输入法和词汇码输入法。本任务先来学习简码输入法。

一、一级简码的输入

一级简码汉字又称高频字，五笔输入法按照每个键位上的字根的形态特征，在25个键位上为每个键安排了一个最为常用的高频汉字。一级简码字只有25个字，而且是比较常用的字，所以要牢记。一级简码是用一个字母键和一个空格键作为一个汉字的编码。在这25个一级简码中，只有"工"和"人"既是键名汉字又是一级简码，除此之外的一级简码与键名汉字都是不同的（见图3-8）。

键名	Q	W	E	R	T	Y	U	I	O	P
简码	我	人	有	的	和	主	产	不	为	这
键名		A	S	D	F	G	H	J	K	L
简码		工	要	在	地	一	上	是	中	国
键名		Z	X	C	V	B	N	M		
简码			经	以	发	了	民	同		

图3-8 一级简码字表

一级简码的记忆口诀：

GFDSA：一地在要工

HJKLM：上是中国同

TREWQ：和的有人我

YUIOP：主产不为这

NBVCX：民了发以经

输入方法：对于这 25 个使用频率最高的汉字，输入的时候只需要按下键盘上对应的字母，然后输入一个空格，即可完成输入。

需要注意的问题：

（1）按空格键结束，不是按回车键结束。

（2）在键盘字母大写输入状态下，不能输入汉字。

（3）一级简码字中属于键内字的有"一、工、上、人、了"，其他的一级简码字全部都是键外字。

（4）简码一般情况下是在全码的基础上省略了后面的编码而成的，但有几个字例外，"有、不、这"的简码是其全码的第二码，而"我、以、为、发"与全码无关。

二、二级简码的输入

对常用汉字只取其前一个、两个或三个字根构成简码。因为末笔识别码总是在全码的最后位置，因此，简码的设计十分便于编码，可以减少输入过程中的击键次数。二级简码对快速输入汉字是很重要的，很多二级简码字，多输入一码反而不是所需要的字，只有再输入一码成四码全码时才可以。而多出两码不仅增加了输入的时间，同时也提高了输入的难度，因为后两码很有可能是识别码。25 个键位理论上最多可以允许有 625 个汉字使用二级简码。但由于有一些空字，所以实际上只有 606 个汉字。学习五笔打字，熟练掌握二级简码是非常重要的，因为这 606 个字基本都是我们日常生活中最常用的字，而几十万个汉字中，最常用的也就一两千个，所以这 606 个字的重要性就不言而喻了。

输入方法：取需要输入的汉字的第一、第二笔代码，再按空格键。

例如："睡"字，把它拆成"目、丿、一、士"，全码为 HTGF。现在我们来输入这个字，只要按下 HT，再按空格，这个字就完成了。"风"字，全码是 MQI，其中 I 为识别码，只要键入 MQ 就可以输入这个字了，不用再判断它的识别码。

五笔字型二级简码表见表 3-7。

表 3-7 　　　　　　　　　　五笔字型二级简码表

位号 \ 区号		横　位 GFDSA	竖　位 HJKLM	撇　位 TREWQ	捺　位 YUIOP	折　位 NBVCX
横区	G	五于天末开	下理事画现	玫珠表珍列	玉平不来★	与屯妻到互
	F	二寺城霜载	直进吉协南	才垢圾夫无	坎增示赤过	志地雪支★
	D	三夯大厅左	丰百右历面	帮原胡春克	太磁砂灰达	成顾肆友龙

续表

位号\区号		横 位	竖 位	撇 位	捺 位	折 位
		GFDSA	HJKLM	TREWQ	YUIOP	NBVCX
横区	S	本村枯林械	相查可楞机	格析极检构	术样档杰棕	杨李要权楷
	A	七革基苛式	牙划或功贡	攻匠菜共区	芳燕东★芝	世节切芭药
竖区	H	睛睦睚盯虎	止旧占卤贞	睡睥肯具餐	眩瞳步眯睛	卢×眼皮此
	J	量时晨果虹	早昌蝇曙遇	昨蝗明蛤晚	景暗晃显晕	电最归紧昆
	K	呈叶顺呆呀	中虽吕另员	呼听吸只史	嘛啼吵噗喧	叫啊哪吧哟
	L	车轩因困轼	四辊加男轴	力斩胃办罗	罚较★辚边	思团轨轻累
	M	同财央朵曲	由则★崭册	几贩骨内风	凡赠峭赆迪	岂邮×凤巍
撇区	T	生行知条长	处得各务向	笔物秀答称	入科秒秋管	秘季委么第
	R	后持拓打找	年提扣押抽	手折扔失换	扩拉朱搂近	所报扫反批
	E	且肝胛采肛	萧胀胆肿肋肌	用遥朋脸胸	及胶膛膦爱	甩服妥肥脂
	W	全会估休代	个介保佃仙	作伯仍从你	信们偿伙★	亿他分公化
	Q	钱针然钉氏	外旬名甸负	儿铁角欠多	久匀乐炙锭	包凶争色★
捺区	Y	主计庆订度	让刘训为高	放诉衣认义	方说就变这	记离良充率
	U	闰半关亲并	站间部曾商	产瓣前闪交	六立冰普帝	决闻妆冯北
	I	汪法尖洒江	小浊澡渐没	少泊肖兴光	注洋水淡学	沁池当汉涨
	O	业灶类灯煤	粘烛炽烟灿	烽煌粗粉炮	米料炒炎迷	断籽娄烃糯
	P	定守害宁宽	寂审宫军宙	客宾家空宛	社实宵灾之	官字安★它
折区	N	怀导居忧民	收慢避惭届	必怕★愉懈	心习悄屡忱	忆敢恨怪尼
	B	卫际承阿陈	耻阳职阵出	降孤阴队隐	防联孙耿辽	也子限取陛
	V	姨寻姑杂毁	叟旭如舅妯	九★奶★婚	妨嫌录灵巡	刀好妇妈姆
	C	骊对参骠戏	★骒台劝观	矣牟能难允	驻骈★×驼	马邓艰双★
	X	线结顷★红	引旨强细纲	张绵级给约	纺弱纱继综	纪弛绿经比

注：本二级简码表的编码顺序是：先横行大写的字母，然后再纵行大写的字母。例如"灿"字，横行对应的字母是O，纵行对应的字母是M，所以只要键入OM，即可打出此字。

表3-7中需要说明的问题：

（1）王码二级简码中没有的字有6个：CU骓，EH腾，KO噗，LA轼，MO赆，VH叟，都是三级简码字（CUA骓，EHH腾，KOG噗，LAA轼，MOO赆，VHC叟），但在输入两码后按空格键时会自动出现这些字，所以就视为二级简码了。

（2）有"×"的为无字二码域，有3个：HB、MV、CO。

（3）有"★"的二码域可输入词组，而不是单字。

（4）同时为一级简码字的有11个：不、地、要、中、同、主、为、这、产、民、经。

三、三级简码的输入

三级简码是由单字的全码的前三码，再加一个空格键构成。虽然加上空格后，这个字也要敲四下，但因为有很多字不用再判断识别码，这无形中提高了输入速度。在五笔输入法中，由于有这些简码的存在，单字录入一篇文章，平均每个字只要敲击2.6下按键，也就是说每输入两个字，只需要敲5下键。只有很少的一些字才需要把四个码敲全，所以三级简码同样可以提高输入速度。

三级简码的输入方法如下：

（1）三个或多于三个字根：打法＝第一字根+第二字根+第三字根+空格，如"些"="止"+"匕"+"二"+空格。

（2）二个字根：打法＝第一字根+第二字根+末笔识别码+空格，如"里"="日"+"土"+"三"+空格。在打完字根还打不出该字的时候，需要加一个"末笔识别码"。

（3）成字字根：打法＝字根键+该字第一笔+第二笔+空格，如"丁"="丁"+"一"+"丨"+空格。

（4）三级键名汉字：打法＝键名键+键名键+键名键+空格，如"言"="言"+"言"+"言"+空格。

四、全码的输入

由于五笔字型中所有汉字的输入最多输入四个码，所以对于刚好四个字根的单字，依次输入四个元码即可。对于拥有四个字根以上的单字，输入方法是前三个元码加上末笔码即可。

全码的输入方法如下：

（1）四个或四个以上字根的汉字：打法＝第一字根+第二字根+第三字根+末字根，如"命"="人"+"一"+"口"+"卩"。注意：不能再加空格。

（2）只有三个字根的汉字：打法＝第一字根+第二字根+第三字根+末笔识别码，如"诵"="讠"+"厶"+"用"+"H"（末笔识别码原理请参见三级字打法中的介绍）。

（3）四级成字字根：打法＝字根键+字根第一笔+字根第二笔+字根末笔，如"干"="干"+"一"+"一"+"丨"。注意：不是末字根，也不是末笔识别码。

（4）四级键名汉字：打法＝键名键+键名键+键名键+键名键，如"土"="土"+"土"+"土"+"土"。

实践训练

一、实训内容

1.请使用"金山打字通"（最新版本）进行对应的简码输入法练习。

2.学生对照五笔字库里的文字（夹杂了文字、标点符号、字母和数字）进行输入训练，提升打字速度。

二、实训目标

通过不断练习，使学生掌握五笔打字的一级简码、二级简码、三级简码以及全码的输入方法，从而真正学会使用五笔输入法。

三、实践考核

在打字软件中设置测试模式，对学生的掌握情况给予评分。

任务五 词组录入

任务导入

经常打字的同学应该知道，相比于一个汉字一个汉字地输入，我们更喜欢对词组进行连打，因为这样可以减少选字的时间。五笔输入法在输入词组的时候有着很大的优势，哪怕是四字成语，也最多只需敲击四次按键即可完成输入。下面就介绍五笔输入法词组录入的内容。

知识要点

汉字以字作为基本单位，由字组成词。在句子中若把词作为输入的基本单位，则速度更快。五笔字型中的词和字一样，不管词语的字数有多少，一词只需四码。用每个词中汉字的第一、二个字根组成一个新的字码，与单个汉字的代码一样，来代表一条词汇。掌握五笔的词组录入方法，可以大大提高连打的速度。

一、二字词汇的输入

输入方法：二字词汇的拆分方法是，取其每字全码的前两码组成四码，作为输入时的元码，即：首字第一字根+首字第二字根+第二字第一字根+第二字第二字根。

例如："天空"，"天"可拆分为"一""大"两个字根，"空"可拆分为"宀""八""工"三个字根，分别取这两个字的前两码"一""大""宀""八"，就形成了"天空"这个词组的编码"GDPW"。

需要说明的是，在输入由某些一级简码组成的词汇时就不能按一级简码汉字处理，而要按"第一字根"+"第二字根"的方法加以输入。例如："我们"≠"我"+空格+"亻"+"门"（Q空格WU），而是"我们"="丿"+"扌"+"亻"+"门"（TRWU）。

例如："口渴"≠"口"+"丨"（识别码）+"氵"+"日"（KHIJ），"口渴"="口"+"口"+"氵"+"日"（KKIJ）；"田地"≠"田"+"丨"（识别码）+"土"+"也"（LHFB），"田地"="田"+"田"+"土"+"也"（LLFB）。

二、三字词汇的输入

输入方法：首字第一字根+第二字第一字根+第三字第一字根+第三字第二字根。例如："操作员"取"扌、亻、口、贝"构成一个编码（RWKM）；"解放军"取"刀、方、一、车"作为编码（QYPL）等。

三、四字词汇的输入

输入方法：每字取第一个字根作为编码。例如："程序设计"取"禾、广、言、言"（TYYY）构成词汇编码。

四、多字词汇的输入

输入方法：取多字词组中第一个字、第二个字、第三个字以及最后一个字的第一个字根构成编码。例如："中华人民共和国"取"口、人、人、口"（KWWL），"电子计算机"取"日、子、言、木"（JBYS）等。

五笔字型中的字和词都是四码。因此，词语占用了同一个编码空间。之所以字和词能共同容纳于一体，是由于每个字有四键，共有25×25×25×25种可能的字编码，约39万个，大量的码空闲。对词汇编码而言，由于词和字的字根组合分布规律不同，它们在汉字编码空间中各占据着基本上互不相交的一部分。因此，词和字的输入完全一样。

五、重码与容错码

重码在五笔字型输入法里，是指不同的汉字或词组具有相同的编码。

电脑汉字输入法中，一般都要对汉字进行编码，以便使用者在标准电脑键盘上击键而将汉字输入电脑中。但在汉字编码的实践中，有时同一组编码，往往会对应几个不同的汉字（或词组），这种现象称为"重码"。为此，汉字编码方案的设计者会采取一些措施，在某编码组合的后面再加上一些特定信息，来处理这组重码字，从而消灭重码或使重码字大为减少，这样的技术措施称为"重码识别"。

例如："嘉"字和"喜"字，都分解为"FKUK"，因"喜"字较常用，它排在第一位，"嘉"字排在第二位。若需要输入"嘉"字，则要用数字键2来选择。

为了减少重码字，把不太常用的重码字设计成容错码字，即把它的最后一码修改为L，例如：把"嘉"字的码定义为"FKUL"，这样用"FKUL"输入，就能获得唯一的"嘉"字。

有些字的书写顺序因人而异，为了能适应这种情况，允许一个字有多种输入码，这些字称为容错字。在五笔字型编码输入方案中，容错字有500多种。

拓展阅读 3-1

　　腾讯与中国残联公益组织战略签约 首发"触觉输入" 效率提升20%

　　2023年6月29日，《中华人民共和国无障碍环境建设法》颁布次日，腾讯与中国残联公益组织——中国助残志愿者协会、中国盲人协会、中国聋人协会、中国肢残人协会、中国残疾人事业新闻宣传促进会在北京签署战略合作协议。未来五年，双方将在立法指引下，共同探索无障碍产品与服务创新、宣传推广无障碍环境理念，凝聚社会共识和力量，助推我国无障碍事业高质量发展。双方将首批推进成立无障碍联合创新实验室、建设国家无障碍云展馆、推出残疾人证电子二维码、助力腾讯深圳前海新总部建成全国一流无障碍环境基地等事项。

　　会上，腾讯多个产品与技术团队展示信息无障碍的最新成果。腾讯输入法部总经理鲁剑首次对外发布搜狗输入法"触觉输入"解决方案。该方案首创分按键差异化振动方式，通过给键盘上的锚点字符（如E、S、C等按键）添加特殊振动效果，方便视障用户在嘈杂环境等场景输入时，不完全依赖语音读屏，也能快速识别所触摸字符内容，实现更顺畅且立体化的输入交互。

　　触觉反馈技术利用终端设备不同振动时长、频率及强度组合，传递差异化信息，由腾讯游戏CROS MTGPA（终端技术优化项目）研发。作为游戏科技跨界应用范例，触觉反馈与无障碍输入场景结合，有效解决视障用户信息获取不全、设备交互不便、个人隐私泄露等难题，同时将输入效率提升20%，让视障用户在数字世界的工作与社交更加自如。

　　据了解，我国约有1700万视力障碍人群，这意味着每80个人中，大约就有一个视障者。另根据第七次全国人口普查数据，我国60岁以上人口有2.6亿人，多数老年人有不同程度的视力问题。"搜狗输入法一直非常重视并积极投入信息无障碍建设，致力于为不同特定群体量身打造优质输入体验。此次发布的触觉输入，希望能够帮助视障人群顺畅输入，降低数字世界就业、社交的门槛。"鲁剑表示。

　　触觉输入解决方案，是腾讯搜狗输入法在"无障碍输入"领域的又一实践。2015年至今，腾讯搜狗输入法先后推出视障输入、点点输入、长辈输入、眼动输入、声文互转等一系列无障碍输入解决方案，全面覆盖视障、听障、肢障与老年群体。2022年1月，在中国残疾人联合会直属中国残疾人辅助器具中心的指导下，腾讯搜狗输入法联合发起了"众声"无障碍输入公益计划，搭建开放平台，向行业免费开放无障碍输入解决方案。计划发布至今，已为听到科技、七鑫易维、保益互动等多家合作伙伴提供方案支持，以科技助力有障碍群体的顺畅表达，携手共建友好的无障碍环境。

　　资料来源：佚名. 科技快讯网，腾讯与中国残联公益组织战略签约　首发"触觉输入"效率提升20%［EB/OL］.［2023-07-05］. https://app.myzaker.com/article/64a4c9a81bc8e08e5c000008.

实践训练

一、实训内容

　　请登录智盛金融职业技能训练平台（http://47.107.59.91:8030/Admin/Main.aspx）进行字符录入模块中任务一的练习。

二、实训目标

通过不断练习，使学生掌握五笔输入法中词组的快速输入。

三、实训考核

在打字软件中设置测试模式，对学生的词组输入练习进行考核评分。

任务六　文章录入

任务导入

　　前面我们学习了单个汉字的输入、词组的输入，那么，如何进行大篇幅文字的输入呢？这些文字中可能还夹杂着字母、标点、数字等各种字符。想要快速完成一篇文章的录入，提高日常工作效率，还需要同学们勤学苦练，熟能生巧，这样才能真正掌握五笔输入法。

知识要点

　　对于大段文字的处理，使用电脑是最方便的，对于当代人而言，电脑已经是生活中必不可少的一部分。说到文字处理，自然离不开文字处理软件，而且常见的文字处理软件有很多，比如文本文档、Word文档等。

一、打字软件的使用介绍

　　在网上可以搜索并免费下载到非常多的五笔输入法软件，并且功能非常齐全，使用很智能便捷，可以帮助文字录入者快速掌握打字技巧，实现长篇文章的快速录入，练习时间久了能熟能生巧，也能很快进行盲打。在这里我们以使用频率非常高的"搜狗五笔输入法"软件为例，讲解其使用方法，为后面的整篇文章输入做准备。

（一）下载安装

　　使用者登录"搜狗五笔输入法"官方网站进行下载，根据向导完成安装，如图3-9所示。

图3-9　搜狗五笔输入法官方下载界面

　　安装成功以后会弹出设置界面，可以在这里根据使用习惯进行基本设置，比如五笔字根版本的三个选择等，如图3-10所示。

　　如果后期想要根据使用习惯重新更改设置，也可以点击"属性设置"的功能进行设置，如图3-11所示，还可以根据自己的打字习惯，选择每页候选字数，进行特殊按键的设置等。

图3-10 输入法的设置界面

图3-11 属性设置界面

（二）功能介绍

搜狗五笔输入法里内置了很多好用的功能，在这里简单介绍几个。

（1）点开"工具箱"（如图3-12所示），可以看到很多功能，使用者可以按需选择，如图3-13所示。

图3-12 输入法工具箱按钮

图3-13 搜狗工具箱

（2）点击"字根表"，可以下载到五笔字根表和字根口诀表（如图3-14所示），方便初学者学习使用，同时还可以在左上角选择不同的版本。

图3-14 搜狗五笔输入法字根表和字根口诀表

（3）点击"字典"，在弹出的界面里可以搜索汉字的五笔编码和拼音，如图3-15所示。

图3-15　搜狗辞典

（4）点击"手写输入"，可以进行手写录入，如图3-16所示。

图3-16　手写输入界面

（5）点击"语音输入"，可以进行语音识别，如图3-17所示。

图3-17　语音输入界面

俗话说"工欲善其事必先利其器",文字录入者在进行文字录入工作之前,可以先熟悉输入法软件的使用,然后经过长时间的练习,可以熟练地掌握,最后开始进行大篇幅的文字录入。

当然,任何一种输入法都只是辅助工具,还需要使用者勤加练习,才能熟能生巧,既有打字速度,又有准确度。

二、在文本文档中使用五笔输入文章

在计算机中,文本文档以纯文本格式存储,其文件扩展名常见的有 txt、ans 等。文本文档指的是包含数字、字母、符号等基本字符的文件,其主要是用于存储、编辑、传输或处理文本数据,如图 3-18 所示。

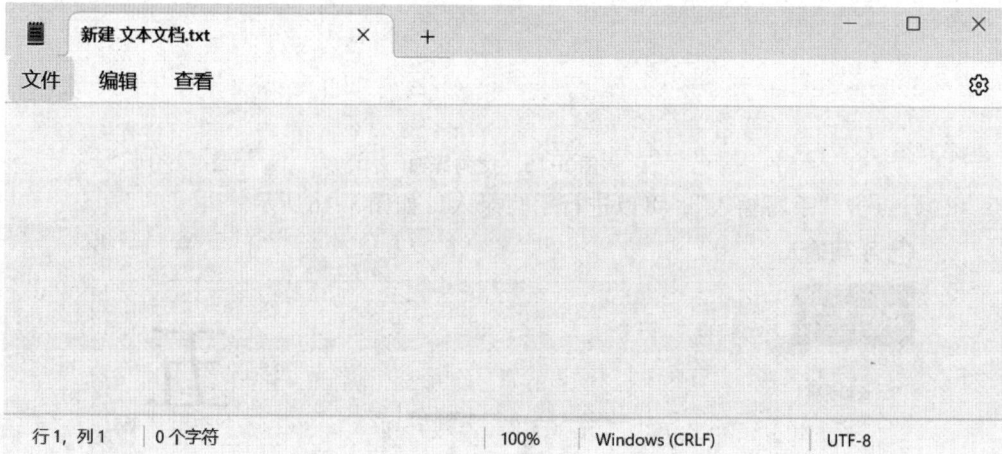

图3-18　文本文档操作界面

(一)使用方法

使用文本文档的方法主要包括以下几个步骤:

(1)创建新的文本文档:在桌面上右键单击"新建"选项,在显示的列表里面选中文本文档就可以新建一个文本了。

(2)编辑文档:在编辑区域输入想要记录的内容。可以选中需要处理的文本内容,点击上方的"删除"或者是"复制""粘贴"选项对文字进行处理。使用搜索功能在编辑框里面输入搜索的内容,对整个文档进行逐个检索和查找。选中文字,点击"文字编辑"选择文字的类型和大小样式,点击确定就可以看到文字的变化了。点击文本文档的自动换行功能,可以让编辑的文字换行,状态栏显示的是当前操作的行和列以及编辑显示出来的字数。

(3)文档的基本操作:

保存文档:依次单击文件——保存菜单。打开"保存"对话框,单击"保存位置"下拉按钮,在弹出的下拉列表框中单击要使用的磁盘,在文件名文本框中输入"文件名",文件类型使用默认的类型,单击"保存"按钮。

打开文档:打开 word 窗口,然后依次单击文件——打开菜单,在对话框中单击"查找范围"下拉按钮,在列表框中单击磁盘——双击找到文件名。

（二）优势特点

（1）无需技术基础：文本文档的制作和编辑不需要非常复杂的技巧和技术，任何人都可以轻松地进行创建和修改。

（2）占用存储空间少：所有类型的文字文件都能以较小的体积保存，这意味着它们占据的硬盘空间较少，有助于节省存储资源。

（3）兼容性好：文本文档通常不受操作系统、硬件配置或其他外部因素的影响，因为它们是基于纯文本格式的，因此在不同设备和平台上都能够正确显示。

（4）便于共享和协作：通过电子邮件或其他在线方式，可以将文本文档发送给他人，让他们对其内容进行评论或编辑，提高了团队的协同工作效率。

（5）可扩展性强：由于文本文档没有固定的格式，它们能够灵活地添加新信息而不必担心格式问题，这对于需要频繁更新和扩展内容的场合特别有用。

（6）简洁性和轻便性：文本文档采用简单的纯文本格式，每个字符仅占两个字节的空间，这使得它们小巧轻便，不易出错，并且能够在软件崩溃时保持数据的完整性。

（7）高度的可读性：由于文本文档是字符序列，它们对任何程序和设备都是开放的，不会受限于特定的软件版本或系统平台，从而增加了其可读性的价值。

（8）应用范围广：文本文档不仅用于个人写作，还常用于存储程序和代码，甚至可以用于新闻报道和其他专业领域的文档记录。

综上所述，虽然文本文档的功能不多，但是文本文档因其易于使用、占用存储空间少、兼容性好、可扩展性强、易于版本控制、高度可读性以及在多个领域的广泛应用而被广泛接受和使用。如果使用的文字处理软件不能消除文字格式或很难消除文字格式，我们不妨将文字粘贴到文本文档中，再从文本文档中复制到文字处理软件中，这样就可以大幅提高文字处理效率。

在记事本中输入习近平总书记在中国共产党第二十次全国代表大会上的讲话节选，如图3-19所示。

图3-19　采用记事本输入文章截图

三、在Wor文档中使用五笔输入文章

Microsoft Office Word是微软公司的一个文字处理器应用程序。它最初是由Richard Brodie为了运行DOS的IBM计算机而在1983年编写的。随后的版本可运行于Apple Macintosh（1984年）、SCO UNIX和Microsoft Windows（1989年），并成为了Microsoft Office的一部分。Word给用户提供了用于创建专业而优雅的文档的工具，帮助用户节省时间，并得到优雅美观的结果。一直以来，Microsoft Office Word都是最流行的文字处理程序。作为Office套件的核心程序，Word提供了许多易于使用的文档创建工具，同时也提供了丰富的功能集供创建复杂的文档使用。哪怕只使用Word应用一点文本格式化操作或图片处理，也可以使简单的文档变得比只使用纯文本更具吸引力。

（一）使用方法

（1）通过"开始"菜单启动。

（2）在电脑桌面单击右键，新建Word。

例如，在Word中输入习近平总书记在中国共产党第二十次全国代表大会上的报告第九条"增进民生福祉，提高人民生活品质"，如图3-20所示。

图3-20 使用Word输入文章截图

（二）优势特点

1.方便易用

Word文档是一种方便且易于使用的文件格式。它可以帮助人们在电脑上创建、编辑和共享文档。Word文档可以轻松地拷贝、粘贴、剪切和重排文本、图像和表格等元素，非常适合办公室环境中的日常文书处理。最重要的是，它的操作非常简单，而且传输性也比较强，使用起来非常方便。

2.组织结构清晰

Word文档提供了一种清晰的组织结构，可以使读者更容易地理解和阅读文档。使用标题和子标题可以为文档创建一个逻辑框架，其中包含很多级别的标题，使文档

更加易于阅读和理解。

3.共享和协作

Word文档是一种易于共享和协作的文件格式。用户可以将文档发送给其他人并允许他们查看、编辑和评论文档。这种共享和协作的方式可以大大提高团队的工作效率。

综上所述，Word文档在进行文字编辑和处理中是非常好用的一款软件，对于需要进行字符输入的初学者来说也是非常适用的练习软件。

☑ 小知识 3-4 --

掌握盲打提高文字录入的要领

盲打是指打字的时候不用看键盘或看稿打字时的视线不用来回于文稿和键盘之间的行为。盲打能提高输入的速度，是打字员的基本要求，盲打要求打字的人对于键盘有很好的定位能力。使用五笔输入法进行文字录入，由于少选字，是很容易进行盲打的。

盲打是怎么练成的？

（1）要练就过硬的指法；

（2）要熟记字根；

（3）要深刻领会汉字拆分原则；

（4）巧学苦练；

（5）加强记忆特殊汉字的拆分方法和输入编码。

如何练习盲打？

首先要学手指如何放在键上：五指微下屈，两个大拇指控制空格键，左手另四指分别放在A、S、D、F四个键上，右手另四指分别放在J、K、L、；四个键上，这样左右两个食指就分别放在F键和J键上，而这两个键上都有小凸起，不用眼看，用手指一摸就找到了。这就是正规的指法。

然后是十指的分工了，其实很简单。两个拇指只负责一个空格键，另外六指都是控制一个竖排的键，例如：左手尾指控制Q、A、Z三个键，右手尾指控制P、；、/三个键，无名指和中指以此类推。为什么说是六指呢？因为两个食指的任务繁重一点，食指要控制两排竖排的键，如：右食指控制U、J、M、Y、H、N六个键，左食指控制R、F、V、T、G、B六个键。这样十指的分工就完成了，只要记住各键的位置和各指的按键就可以练习盲打了。

盲打的要领：

盲打五笔也是有小技巧的，比如尽量多打词组，像"你们"两个字，不要分开一个一个来打，W、Q、W、U四个键连打就出来了。还有打字时哪个手最后按键就用另一个手来按空格键出字，就像"你"字，打W、Q两个键后，最后按的是左手的Q键，所以就应该用右手拇指来按空格键出字，这样就能快一些。其实练五笔到每分钟打60个字是个瓶颈，想要突破60个字，就要从各方面的小细节着手，也需要同学们勤加练习，熟能生巧。

随着时代的发展和技术的进步，通过人工智能、AI等新技术、新方法的运用，解决了很多有障碍人士字符录入的困难，同时也让打字速度有了质的飞跃。

实践训练

一、实训内容

请同学们使用电脑，新建一个 Word 文档，使用五笔输入法完成下面内容的输入，并进行保存。

国家主席习近平发表二〇二四年新年贺词

新年前夕，国家主席习近平通过中央广播电视总台和互联网，发表了二〇二四年新年贺词。全文如下：

大家好！冬至阳生，岁回律转。在这辞旧迎新的美好时刻，我在北京向大家致以新年的祝福！

2023年，我们接续奋斗、砥砺前行，经历了风雨洗礼，看到了美丽风景，取得了沉甸甸的收获。大家记住了一年的不易，也对未来充满信心。

这一年的步伐，我们走得很坚实。疫情防控平稳转段，我国经济持续回升向好，高质量发展扎实推进。现代化产业体系更加健全，一批高端化、智能化、绿色化新型支柱产业快速崛起。粮食生产"二十连丰"，绿水青山成色更足，乡村振兴展现新气象。东北全面振兴谱写新篇，雄安新区拔节生长，长江经济带活力脉动，粤港澳大湾区勇立潮头。中国经济在风浪中强健了体魄、壮实了筋骨。

这一年的步伐，我们走得很有力量。经过久久为功的磨砺，中国的创新动力、发展活力勃发奔涌。C919大飞机实现商飞，国产大型邮轮完成试航，神舟家族太空接力，"奋斗者"号极限深潜。国货潮牌广受欢迎，国产新手机一机难求，新能源汽车、锂电池、光伏产品给中国制造增添了新亮色。中国以自强不息的精神奋力攀登，到处都是日新月异的创造。

这一年的步伐，我们走得很见神采。成都大运会、杭州亚运会精彩纷呈，体育健儿勇创佳绩。假日旅游人潮涌动，电影市场红红火火，"村超""村晚"活力四射，低碳生活渐成风尚，温暖的生活气息、复苏的忙碌劲头，诠释了人们对美好幸福的追求，也展现了一个活力满满、热气腾腾的中国。

这一年的步伐，我们走得很显底气。中国是一个伟大的国度，传承着伟大的文明。在这片辽阔的土地上，大漠孤烟、江南细雨，总让人思接千载、心驰神往；黄河九曲、长江奔流，总让人心潮澎湃、豪情满怀。良渚、二里头的文明曙光，殷墟甲骨的文字传承，三星堆的文化瑰宝，国家版本馆的文脉赓续……泱泱中华，历史何其悠久，文明何其博大，这是我们的自信之基、力量之源。

中国不仅发展自己，也积极拥抱世界，担当大国责任。我们成功举办中国-中亚峰会、第三届"一带一路"国际合作高峰论坛，一系列主场外交迎来五洲宾朋。我也访问了一些国家，出席了一些国际会议，会晤了不少老朋友、新伙伴，分享中国主张，深化彼此共识。世事变迁，和平发展始终是主旋律，合作共赢始终是硬道理。

前行路上，有风有雨是常态。一些企业面临经营压力，一些群众就业、生活遇到困难，一些地方发生洪涝、台风、地震等自然灾害，这些我都牵挂在心。大家不惧风雨、守望相助，直面挑战、攻坚克难，我深受感动。辛勤劳作的农民，埋头苦干的工人，敢闯敢拼的创业者，保家卫国的子弟兵，各行各业的人们都在挥洒汗水，每一个平凡的人都做出了不平凡的贡献！人民永远是我们战胜一切困难挑战的最大依靠。

明年是新中国成立75周年。我们要坚定不移推进中国式现代化，完整、准确、全面贯彻新发展理念，加快构建新发展格局，着力推动高质量发展，统筹好发展和安全。要坚持稳中求进、以进促稳、先立后破，巩固和增强经济回升向好态势，实现经济行稳致远。要全面深化改革开放，进一步提振发展信心，增强经济活力，以更大力度办教育、兴科技、育人才。要继续支持香港、澳门发挥自身优势，在更好融入国家发展大局中保持长期繁荣稳定。祖国统一是历史必然，两岸同胞要携手同心，共享民族复兴的伟大荣光。

我们的目标很宏伟，也很朴素，归根到底就是让老百姓过上更好的日子。孩子的抚养教育，年轻人的就业成才，老年人的就医养老，是家事也是国事，大家要共同努力，把这些事办好。现在，社会节奏很快，大家都很忙碌，工作生活压力都很大。我们要营造温暖和谐的社会氛围，拓展包容活跃的创新空间，创造便利舒适的生活条件，让大家心情愉快、人生出彩、梦想成真。

当前，世界上还有一些地方处在战火硝烟之中。中国人民深知和平的珍贵，我们愿同国际社会一道，以人类前途为怀、以人民福祉为念，推动构建人类命运共同体，建设更加美好的世界。

此时此刻，夜色斑斓，万家灯火。让我们一起，祝愿祖国繁荣昌盛、世界和平安宁！祝愿大家福暖四季、顺遂安康！

谢谢大家！

二、实训目标

通过大篇幅的文章练习，学生能真正掌握五笔输入法，其中包括对特殊字符、标点、数字等字符输入方法的掌握。

三、实训考核

要求学生多次练习并记录输入完成时间，以掌握学生的打字速度提升效果。

思维拓展 3-1

分析提示 3-1

1.利用计算机自动识别字符的技术，是模式识别应用的一个重要领域。人们在生产和生活中，要处理大量的文字、报表和文本。为了减少人们的劳动量，提高处理效率，中国从20世纪50年代就开始探讨一般文字识别方法和技术。随着计算机、互联网、移动端、人工智能技术的迅速发展，现在已经有越来越多的技术手段可以帮助人们快速识别文字。同学们在学习和生活中，有使用过哪些文字识别的方法呢？

要求：请同学们以小组为单位进行讨论，然后每个小组选一个代表做总结汇报。

2.你知道世界上唯一一个不使用字母的主流语言是什么吗？世界第一台机械打字机发明后，打字机不管经历多少次演变，仅适用于以字母为基础的西方语言世界。面对有着数千常用字的汉字世界，这种以几十个字母文字为基础的打字机显得无能为力，那么我们的国家是如何解决这个问题的呢？

　　要求：请同学们以小组为单位搜集相关资料并进行讨论和分析，然后每个小组选一个代表做总结汇报。

项目考核

一、选择题

1.在五笔字型中，构成汉字的基本元素是（　　）。

A.笔画　　　　　　　　　　　B.字根

C.单字　　　　　　　　　　　D.偏旁

2.五笔字型将汉字的基本笔划归结为（　　）类。

A.4　　　　　　　　　　　　B.5

C.6　　　　　　　　　　　　D.7

3.下列汉字中不属于一级简码的是（　　）。

A.人　　　　　　　　　　　　B.要

C.了　　　　　　　　　　　　D.王

4.下列不属于键名的是（　　）。

A金　　　　　　　　　　　　B言

C经　　　　　　　　　　　　D子

二、问答题

1.五笔字型的拆分原则是什么？

2.五笔输入法的优点有哪些？

3.26个键名字有哪些？其输入方法是什么？

4.在什么样的情况下使用末笔交叉识别码？

三、实训题

请同学们自行选择一种文档编辑程序，在里面使用五笔输入法输入以下内容。

习近平总书记在庆祝中华人民共和国成立75周年招待会上的讲话

女士们，先生们，同志们，朋友们：

今天，我们欢聚一堂，共同庆祝中华人民共和国成立75周年。75年前，中华人民共和国成立，标志着中国人民站起来了，开启了中华民族伟大复兴的历史新纪元。75年来，我们党团结带领全国各族人民不懈奋斗，创造了经济快速发展和社会长期稳定两大奇迹，中国发生沧海桑田的巨大变化，中华民族伟大复兴进入了不可逆转的历史进程。在这里，我代表党中央和国务院，向全国各族人民，向中国人民解放军指战员和武警部队官兵，向各民主党派和无党派人士，致以崇高敬意！向香港特别行政区同胞、澳门特别行政区同胞、台湾同胞和海外侨胞，致以诚挚问候！向关心和支持新中国建设事业的友好国家和国际友人，致以衷心感谢！

此时此刻，我们更加怀念为新中国成立和发展建立卓越功勋的老一辈领导人，更加怀念为新中国成立和走向富强献出生命的革命先烈和英雄模范。可以告慰他们的是，他们追求的理想正在实现，他们开创的事业薪火相传、欣欣向荣！

同志们、朋友们！

以中国式现代化全面推进强国建设、民族复兴，是新时代新征程党和国家的中心任务。今天，我们庆祝共和国华诞的最好行动，就是把这一前无古人的伟大事业不断推向前进。

——推进中国式现代化，必须坚持中国共产党领导。我们要始终坚持党总揽全局、协调各方的领导核心作用，坚决维护党中央权威和集中统一领导，持之以恒推进全面从严治党，努力以党的自我革命引领伟大社会革命。

——推进中国式现代化，必须坚持中国特色社会主义道路。我们要始终坚定道不变、志不改的决心和意志，深入贯彻党的基本理论、基本路线、基本方略，进一步全面深化改革、扩大开放，着力推动高质量发展，努力把国家发展进步的命运牢牢掌握在中国人民手中。

——推进中国式现代化，必须坚持以人民为中心。我们要始终牢记党的根本宗旨和国家性质，牢记人民至上，一切为了人民，一切依靠人民，努力让全体人民在共同奋斗中共享改革发展成果。

——推进中国式现代化，必须坚持走和平发展道路。我们要始终坚定站在历史正确的一边，站在人类文明进步的一边，高举和平、发展、合作、共赢旗帜，努力促进世界和平安宁和人类共同进步。

同志们、朋友们！

实现中华民族伟大复兴，是包括香港同胞、澳门同胞、台湾同胞在内的全体中华儿女的共同愿望。我们将全面准确、坚定不移地贯彻"一国两制"、"港人治港"、"澳人治澳"、高度自治的方针，坚定不移地维护和促进香港、澳门长期繁荣稳定。有伟大祖国作坚强后盾，香港同胞、澳门同胞一定能够创造更加美好的未来！

台湾是中国的神圣领土，两岸人民血脉相连、血浓于水。我们要坚持一个中国原则和"九二共识"，深化两岸经济文化交流合作，促进两岸同胞心灵契合，坚决反对"台独"分裂活动。实现祖国完全统一，是海内外中华儿女的共同心愿，是大势所趋、大义所在、民心所向，历史的车轮谁都无法阻挡！

人类共处一个地球，各国人民命运与共。我们将始终坚持维护世界和平、促进共同发展的外交政策宗旨，弘扬全人类共同价值，倡导平等有序的世界多极化、普惠包容的经济全球化，推动落实全球发展倡议、全球安全倡议、全球文明倡议，积极参与全球治理体系改革和建设，推动构建人类命运共同体。

同志们、朋友们！

经过75年的艰苦奋斗，中国式现代化已经展开壮美画卷并呈现出无比光明灿烂的前景。同时，前进道路不可能一马平川，必定会有艰难险阻，可能遇到风高浪急甚至惊涛骇浪的重大考验。南岳衡山有副对联说得好："遵道而行，但到半途须努力；会心不远，要登绝顶莫辞劳。"我们要居安思危、未雨绸缪，紧紧依靠全党全军全国各族人民，坚决战胜一切不确定难预料的风险挑战。任何困难都无法阻挡中国人民前进的步伐！

我们坚信，创造了五千多年辉煌文明的中华民族，必将在新时代新征程上创造出新的更大辉煌，必将为人类和平和发展的崇高事业做出新的更大贡献！

现在，我提议：

为中华人民共和国成立75周年，为中国繁荣富强和全国各族人民幸福安康，为中国人民同世界各国人民的友谊和合作，为在座各位来宾、各位同志、各位朋友的健康，干杯！

资料来源：习近平. 习近平：在庆祝中华人民共和国成立75周年招待会上的讲话 ［EB/OL］. ［2024-09-30］. https：//www.gov.cn/yaowen/liebiao/202409/content_6977858.htm.

项目评价表

内　　容		评　价		
学习目标	评价项目	3	2	1
职业能力	掌握键盘的正确使用方法和正确的键入指法 → 1.良好的坐姿和击键习惯			

内　　容		评　价		
学习目标	**评价项目**	**3**	**2**	**1**
职业能力	掌握键盘的正确使用方法和正确的键入指法 1.良好的坐姿和击键习惯			
	2.正确的键入指法			
	熟记五笔字根表 1.掌握五笔字根在键盘上的排列			
	2.掌握五笔输入法的编码规则			
	3.掌握一级简码、二级简码、三级简码以及全码的输入方法			
	利用五笔字型的输入规则快速输入汉字 1.掌握单字输入			
	2.掌握词组输入			
	3.熟练、快速地进行大篇幅文章的输入			
通用能力	组织能力			
	沟通能力			
	解决问题的能力			
	自我提高的能力			
	创新能力			
综合评价				

等级说明：

3——能高质、高效地完成此学习目标的全部内容，并能解决遇到的特殊问题；

2——能高质、高效地完成此学习目标的全部内容；

1——能圆满完成此学习目标的全部内容，无需任何帮助和指导。

评价说明：

优秀——达到3级水平；

良好——达到2级水平；

合格——全部任务都达到1级水平；

不合格——不能达到1级水平。

项目四
传票算

学习目标

知识目标

1.了解传票算的种类和应用范围。

2.熟练掌握用计算机小键盘、计算器计算传票算的基本方法。

技能目标

1.通过本项目的训练，能够熟练掌握计算机小键盘、计算器的指法运用及操作技巧。

2.通过训练大大提高输入速度，利用计算机小键盘、计算器快速进行基本数学计算及辅助会计核算。

素养目标

1.通过本项目的学习，将知识能力与思想教育有机融合，培养学生的家国情怀和工匠精神，在学习知识的过程中立德树人。

2.通过本项目的学习，培养学生的敬业、审慎、精益求精的工匠精神和创新精神，营造劳动光荣的社会风尚。

项目四思维导图

- 传票算
  - 传票算的基础认知
    - 传票的种类
    - 翻打百张复式传票
    - 传票算训练要领
  - 计算器的使用
    - 传票的放置位置
    - 计算器的操作技巧
    - 正确的指法
  - 计算机小键盘的使用
    - 计算机小键盘的分布及功能
    - 计算机小键盘的指法
    - 复式传票的运算

任务一 传票算的基础认知

任务导入

传票算，也称为传票翻打，它是加减运算在实际工作中的具体应用，它可以为会计核算、财会分析、统计报表提供及时、准确、可靠的基础数字，是财经工作者必备的一项基本技能，并被列入全国会计技能比赛的正式项目。

知识要点

传票是指记有文字和数字的单据、凭证，如发票、支票、收据、记账传票等，因在有关人员之间传递周转，故称为传票。在银行，它是业务活动相关传递过程的重要记账凭证。

传票运算简称为传票算，是用计算器、计算机、算盘对各种单据、发票和记账凭证上的数字金额进行加减运算的一种方法。根据传票形式和内容的不同，其计算方法也有所不同。在银行柜员工作中，对凭证的计算处理是第一道工序，传票算也因此得名。银行柜员每天必须翻打很多凭证进行核算，银行业也经常将传票算作为招聘员工的考试内容，考核工作人员的业务素质，甚至将其作为银行业务技术比赛的项目之一。目前，由于计算器和计算机在银行柜台业务中相当普及，用计算器和计算机小键盘进行传票算也成为银行业务技术比赛中的主要项目。因此，对银行柜员而言，熟练掌握传票算的知识和技巧不仅重要，而且很有必要。

一、传票的种类

传票的种类多种多样。按照传票装订与否，传票可分为装订本和活页本两种。装订本如发票存根、收据存根和各种装订成册的单据等，活页本如会计的记账凭证、银行支票、工资卡片等。按照计算内容的不同，传票可分为单式传票（单项目传票）和复式传票（多项目传票）两种。单式传票如银行支票、领料单等，复式传票如记账凭证、生产记录表等。传票的分类见图4-1。计算器、计算机和珠算比赛所使用的传票就是模拟实际工作中的传票设计的。

二、翻打百张复式传票

（一）复式传票规格

现行全国会计比赛使用的传票为复式传票，其规格为：

（1）长19厘米、宽9厘米的60克书写纸，用4号手写体铅字印刷。每面各行数字下加横线，其中（二）行和（四）行为粗线。

（2）传票左上角装订成册，中间夹1~2根色带，每本共100页（反面没有数字）。

（3）每页5行，每笔最高为9位数，最低为4位数。

（4）在每笔数字前自上而下依次印有题号（一）、（二）、（三）、（四）、（五），

图4-1 传票的分类

（一）表示第一行数字，（二）表示第二行数字，以此类推，如图4-2所示。

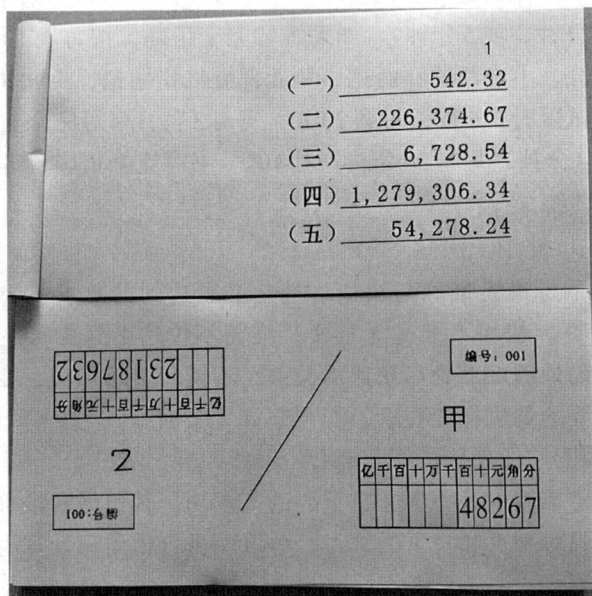

图4-2 传票算题

（5）每连续20页为一题，计110个字码，0～9各数码均衡出现，命题时任意选定起止页数。例如，第一题从第6页至第25页（一）行，第二题从29页至48页（三）行等。

（6）页码印在右上角，一般用阿拉伯数字标明，每一页的尺寸一样，并在左上角有空白处，计算时可用夹子夹起运算。

（二）复式传票算题型

命题时可任意选定起止页数，以求每连续20页的某行合计数为一题，即每页只计算一行数字，把这20页的同一行数字连加起来，就得出这道题的结果；0～9各数码均衡出现；珠算比赛用传票每题的数字构成为7位数5个，6位数5个，5位数5个，4位数5个，共20笔数，110个字码。计算器和计算机小键盘用传票每题20笔数的数字构成：由4～9位数组成，其中4、9位数各占10%，5、6、7、8位数各占20%，题型见表4-1。

表4-1 传票算题型

题号	起止页数	行数	答案	题号	起止页数	行数	答案
1	1～20	（五）		6	29~48	（四）	
2	21～40	（三）		7	34~53	（五）	
3	41～60	（四）		8	76~95	（一）	
4	61～80	（二）		9	58~77	（二）	
5	81～100	（一）		10	67~86	（三）	

表4-1中1～20（五）表示从第1页的第5行数开始，将这20页中各页的第5行加总起来，直到第20页的第5行数为止，然后把计算结果写入答案栏中。

目前，计算器、计算机或珠算比赛用传票算多采用"限时不限量"的方式，每场比赛10分钟（或8分钟，或5分钟）。如果答数完全正确，按每题10分或15分标准计分。要求按顺序计算，不准跳题；否则，跳题部分以错题论，倒扣正确题的分数。有的银行招聘录用考试限时3分钟，每题20分，算对3题，书写完全正确，得60分为合格；有的银行限时4分钟，每题20分，算对4题，书写完全正确，得80分为合格。

三、传票算训练要领

（一）以准为主，准中求快

传票算打得好的标准是准确与快速，准是必须达到的要求，快是全力争取的目标。进行传票算计算，快而不准毫无意义，准而不快达不到要求、完不成任务。因此，在训练中要正确处理好准确与快速的关系，不能只追求一样，要在保证准确的前提下，提高速度。要达到这样的要求，必须坚持天天训练。

（二）熟练翻页的动作和找页的方法

翻页和找页在传票算中是一项非常重要的基本功，其快慢和准确度直接影响打传票算的速度，应加强对翻页和找页的练习，争取在进行传票算计算时能一次完成，不出现多余的动作。

（三）计算时分节看数，看算结合

打传票算要想既准又快，就要眼、手、脑协调配合。看数既准又快是传票算既准又快的前提。初学者刚打传票算时，训练看数与输入的配合是很重要的，应尽可能达到在看数的一瞬间就要把数输入。将一个金额数字分节来看，可以很好地分清数字的位数，很快看准、记住和输入数字。分节看数、看算结合的练习，时间长了，就可以使大脑形成一种条件反射，实现眼、脑、手有机结合，协调一致。

（四）加强手指分工的训练

在传票算训练中，以计算器作为计算工具，手指的分工与协调是一个重要的环节。初学者刚进行计算时，手指一定要按照要求进行分工，养成良好的习惯，一边看数，一边输入。初学者由于对键盘不熟悉，在计算时可看键盘，但一定要记住常用功能键的分布，在大脑中形成图像，通过一段时间的训练后，争取能够盲打计算。

（五）训练一定要持之以恒

传票算是一项实际操作技能，要想真正掌握这项技术，并达到一定的技能水平，不是一天或几天就能实现的，必须靠学习者每天有计划地限时训练，最重要的是坚持，不能间断。

拓展阅读 4-1

工匠精神及其当代意义

2020年12月10日，习近平总书记致信祝贺首届全国职业技能大赛举办，强调"大力弘扬劳模精神、劳动精神、工匠精神"，"培养更多高技能人才和大国工匠"。在长期实践中，我们培育形成了"执着专注、精益求精、一丝不苟、追求卓越的工匠精神"。迈向新征程，扬帆再出发，亟需一大批具有工匠精神的劳动者，亟待让工匠精神在全社会深入人心。

工匠的出现几乎与人类的历史一样久远。习近平总书记说："人类是劳动创造的，社会是劳动创造的。"在中国传统文化语境中，工匠是对所有手工艺（技艺）人，如木匠、铁匠、铜匠等的称呼。荀子说："人积耨耕而为农夫，积斫削而为工匠。"意思是长期从事农业生产的人为农夫，长期使用斧头等工具的人为工匠。自古以来，任何一个从事工艺劳动的工匠，都是以其毕生精力献身于这一工艺领域的。换言之，工匠就是从小学徒开始，终身从事某种工艺劳动的人，如铁匠、铜匠、建筑泥瓦匠等。早在春秋战国时期，除农业之外的各种手工艺工匠已经形成规模，称为"百工"。这些工匠能够"审曲面势，以饬五材，以辨民器"。随着工业化时代的到来，现代工艺已经从手工艺发展到机械技术工艺和智能技术工艺。技艺水平的发展也标志着人类文明的进步。中国自古以来就是一个工艺制造大国，无数行业工匠的创造，是灿烂的中华文明的标识。在我国的工艺文化历史上，产生过鲁班、李春、李冰、沈括这样的世界级工匠大师，还有各个工艺领域里像庖丁那样手艺出神入化的普通工匠。

进入现代工业社会，伴随着手工艺向机械技艺以及智能技艺转换，传统手工工匠似乎远离了人们的生活，但工匠并不是消失了，而是以新的面貌出现了，即现代工业领域里的新型工匠：机械技术工匠和智能技术工匠。无论是传统制造业还是新兴制造业，无论是工业经济还是数字经济，工匠始终是中国制造业的重要力量，工匠精神始终是创新创业的重要精神源泉。

我国要成为世界范围内的制造强国，面临着从制造大国向智造大国的升级转换，对技能的要求直接影响到工业水准和制造水准的提升，因而更需要将中国传统文化中所深蕴的工匠文化在新时代条件下发扬光大。培养更多高技能人才和大国工匠，需要激励更多劳动者特别是青年人走技能成才、技能报国之路，更需要大力弘扬工匠精神，造就一支有理想、守信念、懂技术、会创新、敢担当、讲奉献的庞大的产业工人队伍，为经济社会发展注入充沛动力。

资料来源：龚群. 工匠精神及其当代意义［EB/OL］.［2021-01-18］. https：//www.xinhuanet.com/politics/2021-01/18/c_1126993130.htm.

实践训练

一、实训内容

1. 练习传票的翻页

在传票运算中，练好翻页的基本功非常重要，翻页的速度直接影响到传票运算的速度和准确率。要熟练掌握用左手一次翻一页或一次翻两页的翻法。翻页时要把左手的中指、无名指和小指平放在传票的左下角，当拇指翻上一页后，食指迅速放在其下面，将传票夹住，随即拇指做翻页的准备，翻页与按计算器必须同时进行，翻页不宜掀得太高，角度越小越好，以能看清数据为准。

2. 练习看数、记数

看数、记数一般应遵循分节看数、分节记数、分节输入的原则。其基本方法如下：

看数时，应按分节号（或千分空）和小数点分段默读，看一小节数字，迅速反应在脑子里并记住，同时按相应的键。当手指接触到这一小节的最后一个数字键位时，眼睛马上去看下一小节的数字并记住，这样随看、随记、随按不间断地进行。开始时稍有停顿，熟练后，看数、记数和输入动作就会连贯起来。

看数、记数时，不必记个、十、百等数位名和元、角、分等金额单位，只看数字、分节置数，切忌念出声音；不要将数字看颠倒、看漏、看夹行，数字中连续有几个相同数时，可连记几个数，如 90 004.32，可记 9、3 个 0、4.32。

随着熟练程度的提高，分节看数、记数应由 1 节扩大到 2 节，并逐步增大位数。待一目一行熟练后再练一目多行，以减少看数次数。把翻页与看数、记数结合起来练习，以加快计算速度。

看数、记数的练习方法如下：

（1）先做一些数字小卡片，并放在一起，随机抽一张，看一眼，再将看到的数写在纸上。以 10 个数为一组，看完写完后记下所用的时间，并检查自己的记数是否有差错。如有错误，分析出错的原因并改正。

（2）以竖式加减法题为练习资料，由易而难、由慢而快地进行练习。练习时，把计算题放在左前方，紧靠练习题的右边放一张白纸，右手握笔，看一眼，记下数字，随即把它默写在纸上。以 10 题为一场进行训练，记下每一场所用的时间，并逐行核对，以检查记数的速度和准确度。练习一段时间后，可以结合计算器、计算机或算盘上置数、盯屏或盯盘写数进行综合练习。

3.练习翻页、看数、记数、输入

练习翻页、看数、记数、输入，争取做到边翻、边看、边记、边输入，可以同时进行。

二、实训目标

通过实践活动，练好翻页的基本功，提高翻页速度和看数、记数能力。

三、实训考核

分小组进行传票的翻页和看数、记数训练，根据翻页速度和看数、记数的准确度进行评分。

任务二 计算机小键盘的使用

任务导入

计算机小键盘是向计算机输入数字下达命令的重要设备，是财务工作者进行汇总、核算必不可少的操作工具，所以，掌握小键盘传票翻打非常重要。运用计算机小键盘进行传票翻打，除应熟练掌握加减法运算外，还应掌握盲打、整理、摆放、找页、翻页、数页等基本功。

知识要点

一、计算机小键盘的分布及功能

计算机小键盘是向计算机输入数字的重要设备。小键盘区也被称为辅助键盘区，位于键盘的最右侧，主要用于大量数字的输入。该区的大部分按键具有双重功能：一是代表数字和小数点；二是代表某种编辑功能。该区左上角的"Num Lock"数字锁定键具有开关作用，只对小键盘区的按键有效，利用数字锁定键，可在两种功能之间进行转换。按一下该键，上方的指示灯亮，此时按某个按键输入的是数字；再按一下该键，相应的指示灯熄灭，此时按某个按键执行的是相应的编辑功能。小键盘区处于编辑功能状态时，与编辑区的对应键功能相同。例如，当指示灯亮时，按按键"7"输入的是数字 7；当指示灯熄灭时，按该键执行的是相应的编辑功能，即光标移至行首。

二、计算机小键盘的指法

1.基准键位

手指在键盘上的位置非常重要。为了便于有效地使用键盘，通常规定右手的食指、中指、无名指和小指依次放于第 3 排的"4""5""6""Enter"基准键上。当准备操作小键盘时，手指应轻轻放在相应的基准按键上，敲击完其他按键后，应立即回到原指定的基准按键上。

2.各手指负责的键域

要学会正确使用小键盘，因为并不是任何一个手指都可以随便按任何一个按键的。为了提高键盘的敲击速度，在基准按键的基础上，通常将小键盘划分为几个区域，每个区域都由一个手指负责，一定要明确分工、互不侵犯。

（1）右手的食指：在小键盘分区中主要负责"Num Lock""7""4""1"键，有时也可负责"0"键的击键工作，一般是将食指放于"4"基准键上。

（2）右手的中指：在小键盘分区中主要负责"/""8""5""2"键，有时也可负责"0"键的击键工作，一般是将中指放于"5"基准键上。

（3）右手的无名指：在小键盘分区中主要负责"*""9""6""3""."键的击键工作，经常是将无名指放于"6"基准键上。

（4）右手的小指：在小键盘分区中主要负责"-""+""Enter"键的击键工作。

总之，右手食指、中指和无名指分别放在基准键位数字"4""5""6"键上，食指、中指、无名指和小指各负责一竖条4个键，每当敲击完其他键后要迅速回到基准键位上。

三、复式传票的运算

用计算机小键盘翻打百张复式传票，用一次翻一页、一次翻两页、一次翻三页的方法，从第一页开始，求每20页的第五行的合计数；再用同样的方法求第四行、第三行、第二行、第一行的合计数。

采用限时不限量的方法，每天集中训练30分钟。每20页的一行数字的合计算一题，达标要求使用计算机小键盘进行运算，每10分钟做对8题为及格、9题为良好、10题为优秀。

复式传票的运算步骤包括整理、放置、找页、翻页、计算、记页、写数。

1.整理传票

在拿到传票时，首先检查传票中是否有缺页、重页的情况。为了不使在翻动传票时一次翻两页或更多页，在运算前可将传票捻成扇形，并使每张传票自然松动，避免出现黏在一起的情况。传票捻成扇形后可恢复原状进行翻页或不恢复原状，用票夹夹住保留扇形翻页。

打扇形的方法：用两手拇指放在传票封面上，两手的其余四指放在背面，左手捏住传票的左上角，右手拇指放在传票下面，然后向下捏，传票自然展开成扇形，扇形幅度不宜过大，只要把传票封面向下突出，背面向上突出，以左手食指能全部夹住已打开的传票为好。

2.传票的放置

传票的放置位置有以下三种：一是放在计算机小键盘左边；二是放在计算机小键盘上框左半部略高的部位；三是放在小键盘的下框左半部略低的部位，与传票算题答案纸呈并列状。总之，传票的摆放位置要贴近小键盘，这样易于看数，也有利于翻页。

3.找页

在运算过程中，复式传票题不是按照传票的自然页数逐题进行运算的，而是交叉组合进行的。如表4-1所示，第6题是29～48（四），即从第29页起计算到第48页的第4行合计；第7题是34~53（五），即求第34页到第53页第5行的合计，这就需要马上找到第34页。找页动作的快慢、准确与否，直接影响打传票的速度。因此，找页是一个很重要的基本功。

所谓找页，就是凭左手的感觉，借助眼睛的余光，迅速找到各题的起始页，要求做到翻动传票两三次就能解决。

找页的练习方法如下：

首先，练习手感。这就是用手摸传票前20页、前40页、前60页、前80页或前10页、前30页、前50页、前70页的厚度，经过一段时间的练习，达到能够摸准每20页和前10页、前20页、前30页、前40页、前50页、前60页、前70页、前80页厚度的水平。

其次，边念边找页。在上述练习的基础上，练习迅速、准确地找出各计算题起始页，方法是自我测试与相互考查相结合，自己心中默记一个页码或同学之间任意念出一个页码，凭对传票厚度的感觉，至多翻动3次找到起始页。例如，找第32页，凭对30页厚度的手感，再略多翻几页；如果不准，迅速调整一下，就应该翻到第32页。

最后，练习写答数与找页同时进行。其方法是：当一题运算完毕，右手抄写答数时，眼睛余光看下一题的起始页。例如，上题止页是第51页，下题起始页是第62页，顺着向前用大拇指摸10页的厚度，稍做调整翻到第62页；如果下题起始页是第37页，则大拇指稍稍放松已翻过的页码，凭传票页码厚度的手感，倒翻到第37页。同时，右手写完答数、清屏或清盘，进行下一题的运算。注意一定要双手配合默契、准确、快速找页。

4.翻页、计算、记页

在传票运算中，练好翻页的基本功非常重要，翻页速度的快慢直接影响到传票运算的速度和准确率。传票翻打要求用左手翻传票，右手敲击数字小键盘，两手同时进行。翻页时，要把左手的中指、无名指和小指平放在传票的左下角，在拇指翻上一页后，食指迅速放在其下面，将传票夹住，随即拇指做翻页的准备。翻页不宜翻得太高，角度越小越好，以能看清数据为准。

计算方法有一次翻一页、一次翻两页、一次翻三页等多种打法。

（1）一次翻一页打法。记页方法传票是20页为一题，有的学生担心页码打多了，在打到最后几页时总是看页码，这必然影响计算速度。记页就是解决此问题的。记页的方法是每翻动一次就按顺序默记一次，一次翻一页的打法要翻记19次，就可写出答数。

（2）一次翻两页打法。所谓一次翻两页打法，就是心算两页合计直接一次在键盘按键。心算两页合计如同心算加减法所采用的一目两行一样，练习熟练还是容易掌握的。这里主要涉及如何一次翻两页的问题。一次翻两页的具体方法是：中指、无名指、小指放在传票封面上，食指放在起页上，拇指略翻起传票，翻的高度以能看到次页传票数字为标准，然后用心算计算出两页有关的数字之和，将其按入键盘；当和数的最后两个数字或一个数字即将按入键盘时，拇指应迅速将前两页翻过，食指夹住，再用拇指略翻起传票，如此一次两页地进行下去。

（3）一次翻三页打法。所谓一次翻三页打法是将传票的三页有关数字心算相加一次按键。其翻页方法如下：无名指和小指放在传票的封面上，中指放在算题的起页

视频 4-1

传票算翻打
演示

上，然后拇指翻起一页用食指夹住，拇指再翻起一页，使眼睛能迅速看清三页里有关行次的数字，然后心算出三页对应行数字之和直接按键；当和数的最后两位数字即将按入键盘时，拇指应迅速将前三页翻过，中指夹住，拇指翻起一页，食指夹住，拇指再翻起一页，如此依次翻三页传票运算下去。由于三页一次运算难度更大，故可先将算题的第一、二页有关行数字迅速心算，再与第三行对应数字相加，一次按键成功。

5.写数

传票运算的类型，除上面介绍的两种外，还有多种形式。例如，发票算为连加法，每本200张，正、反两面共印400页码，每页印一行数，每30页为一道题，命题时任意选定起止页码，如8～37、52～81等；再如百张传票算，即将每张传票的5行数字打出各行的合计数等。无论用哪种形式进行运算，都少不了翻页、看数、计算、记页等几个环节。其中，翻页、计算、记页是重点也是难点，必须刻苦练习，才能做到眼准手稳、协调连贯、衔接紧凑、连续运算、计算迅速。

☑ 小知识 4-1 --

正确的打字姿势

要想熟练运用键盘来打字，姿势非常重要。有了正确的姿势，不仅可减轻人的疲劳感，对于提高速度也会起到事半功倍的效果。

（1）身体要保持平直，肩部放松，腰背不要弯曲。

（2）小臂与手腕略向上倾斜，手腕平直，两肘微垂，轻轻贴于腋下，手指弯曲自然适度，轻放在基准键上。

（3）屏幕显示区域位于视线以下10～20度，身体与键盘的距离因人而异。

（4）手掌以手腕为轴略向上抬起，手指略弯曲，自然下垂，形成勺状。

（5）打字时手腕要悬空，敲击键盘要有节奏，击完键后手指要立即回到初始位置。

（6）击键的力度要适中。各手指分工明确，各司其职。击键时主要靠手指和手腕的灵活运动，不要靠整个手臂的运动来找键位。

资料来源：雷玉华. 银行柜员基本技能［M］. 2版. 北京：人民邮电出版社，2016.

》 **职业道德与职业素养**
2023年全国职业院校技能大赛（高职组）"智慧金融"赛项

2023年10月28日至29日，2023年全国职业院校技能大赛（高职组）"智慧金融"赛项在长春举办，共有来自全国各地的58支参赛队伍、232名参赛选手同台竞技。经过两天紧张激烈的角逐，山东商务职业学院等6所学校参赛队伍荣获一等奖。

全国职业院校技能大赛是由教育部发起并牵头，联合国务院有关部门及相关行业组织、人民团体、学术团体和地方院校等共同举办的一项公益性、全国性职业院校综合技能竞赛活动。2023年全国职业院校技能大赛（高职组）"智慧金融"赛项，是金融职业教育领域的一项重大赛事，其将传统手工技能与数字金融业务相结合，从银行业务角度，考核参赛选手的金融专业技能和业务素养。

该赛项原名为"银行业务综合技能"赛项，2023年更名为"智慧金融"赛项。

与原来的赛项相比，"智慧金融"赛项更加注重以金融科技对接行业前沿，增加了数字金融业务操作内容，融入了数字人民币、大数据金融、AI金融、云金融、物联网金融、区块链金融等业务场景，考察选手们在不同的业务场景下对专业知识的掌握情况。在为期两天的比赛中，58支参赛队伍通过"金融职业素养"模块、"金融综合技能"模块、"数字金融业务"模块的比拼，全方位展示了银行核心岗位业务处理能力、金融领域业务素养和数字金融业务综合技能。

经过两天紧张激烈的比赛，山东商务职业学院、台州科技职业学院、湖南财经工业职业技术学院、深圳职业技术大学、江苏财经职业技术学院、泉州经贸职业技术学院荣获一等奖。

资料来源：刘少利. 全国职业院校技能大赛"智慧金融"赛项在长春金专举办〔EB/OL〕.〔2023-10-30〕. https://baijiahao.baidu.com/s?id=1781168283325043571&wfr=spider&for=pc.经过改编。

启示：

"长技在手，创出彩人生"。全国职业院校技能大赛近年来社会关注度不断提高，已成为学生展示职业技能、良好素养的重要舞台，也是职业教育与产业多元合作的平台，对职业院校专业建设发挥了重要作用。目前，全国职业院校技能大赛90%以上的赛项都已经把职业素养纳入竞赛内容，这也体现了对高等职业教育"工匠精神"培养的重视。通过参加职业技能大赛，不仅可以提高学生的职业技能，更重要的是培养了学生坚忍不拔、团结合作、锲而不舍的"工匠精神"，提升了学生的职业素养。

实践训练

一、实训内容

计算下列各题：

使用计算机小键盘进行以下训练，分别锻炼中指、食指、无名指及小指的活动范围，并练习击键速度。

（1）4.56+1.23+7.89+3.58+6.54+1.53=

（2）17.02+7.20+407.65+16.52+32.58+98.76+563.21=

（3）987.64+60.41+2.09+3.69+182.54+38.90−617.32+14.60+5.87=

（4）3.06+614.28+109.70+85.91+1.79+53.18+47.26+9.03+87.19+396.82=

（5）413.06+94.18+209.76+185.53+801.74+503.17+400.97+39.08+57.69+308.86=

（6）4 156+1 023+7 529+3 158+6 954+1 453=

（7）98 264+6 241+21 509+3 569+182 254+38 990+617 032+14 360+5 687=

（8）17 802+7 001+407 815+167 852+391 258+98 376+563 521=

（9）4 156+ 1 623+7 589+37 058+6 254+1 953=

（10）9 864+69 341+209+3 169+182 954+38 907+617 327+14 608+5 871=

二、实训目标

运用计算机小键盘进行传票翻打，除熟练掌握加减法运算外，还应掌握盲打、整理、摆放、找页、翻页、看数、记页等基本功。

三、实训考核

分小组进行测试和评价。

任务三　计算器的使用

任务导入

　　电子计算器体积小、质量轻、运算迅速准确、操作简便，是财务工作中的一种重要的计算工具。在计算机迅速发展的今天，计算器仍有其独特的适用范围，事实上每一个财务人员的手边都备着计算器。使用计算器进行传票算是本任务要学习的内容。

知识要点

一、传票的放置位置

　　在进行传票算时，一般是左手翻动传票，右手按计算器。传票应摆放在合适的位置上。如果使用袖珍计算器，可将传票放在计算器的左上方，为便于左手翻页，传票的左底边应离开计算器约2厘米，左手放在传票偏左的位置上，用拇指突出的部位翻动传票；若计算器稍大，可将传票斜放在计算器的左下方。

二、计算器的操作技巧

　　（1）计算器的放置。使用计算器时，计算器放置要平稳，以免按键时晃动和滑动。计算资料要紧靠计算器，便于计算。

　　（2）操作人员的姿势。操作人员的姿势要自然、舒适，眼睛俯视单据上的数据等。按数字键时，要看显示器上的显示是否正确；按运算键时，要看显示器上的数字是否闪动，如无闪动说明键未按到底，需要重新按键。

　　（3）灵活使用清除键。清除键在修改时有很大作用，可以避免重新输入，从而节省时间。每次运算前，要清除计算器里的数据，按一下清除键"ON/C"。有的计算器把这个键记作"AC"或"C"。在计算过程中，如发现刚输入的一个数字有误，可按右移键"→"清除；如发现刚输入的数据有误，可按局部清除键"CE"，这时显示屏上显示"0"，而先前输入的数据和运算仍保持有效，然后再输入正确的数据。

三、正确的指法

　　（1）各手指要放在基本键上，输入数字时，每个手指只负责相应的几个键，不要混淆。

　　（2）手腕平直，手指自然弯曲，击键只限于手指指尖，身体其他部分不要接触工作台或键盘。

　　（3）输入时，手稍微抬起，只有要击键的手指才伸出击键，击完后立即收回，停留在基准键上。

　　（4）击键速度要均匀，用力要轻，要有节奏感，不可用力过猛。

　　（5）在击键时，必须依靠手指和手腕的灵活运动，不能靠整个手臂的运动。

实践训练

一、实训内容

要尽快熟悉计算器，最终做到盲打，要靠做各种练习和刻苦训练来完成。以下介绍几种练习方法，可以帮助学生较快地熟悉计算器。

练习一：加百子

计算器进行打百子练习：1+2+3+…+99+100=5 050。

练习二：减百子

先输入数字5 050，然后依次-1-2-3-…-99-100=0。

练习三：连加连减练习

把1、2、3、4、5、6、7、8、9连加9次，和为1 111 111 101，随后再逐笔减去123 456 789，直至减为0。

练习四：连加连减练习

把1、2、3、4、5、6、7、8、9、0连加9次，和为11 111 111 010，随后再逐笔减去1 234 567 890，直到减为0。

练习五：连加连减练习

把9、8、7、6、5、4、3、2、1、0连加9次，和为88 888 888 890，随后再逐笔减去9 876 543 210，直到减为0。

练习六：竖式练习——敲打147、258、369

食指练习1、4、7键，147+147+…+147，连加10次再连减10次，最后归0。

中指练习2、5、8键，258+258+…+258，连加10次再连减10次，最后归0。

无名指练习3、6、9键，369+369 +…+369，连加10次再连减10次，最后归0。

147+258+369+…+147+258+369连加10次再连减10次，最后归0。

练习七：横排练习——敲打123、456、789

食指练习1键，中指练习2键，无名指练习3键。

食指练习4键，中指练习5键，无名指练习6键。

食指练习7键，中指练习8键，无名指练习9键。

123 456 789 +123 456 789+…+123 456 789连加10次再连减10次，最后归0。

练习八：混合练习——敲打159、357、13 579、24 680

159指法分工：食指练习1键，中指练习5键，无名指练习9键。

357指法分工：无名指练习3键，中指练习5键，食指练习7键。

159 +159+…+159，连加10次再连减10次。

357+357 +…+357，连加10次再连减10次。

13 579指法分工：食指练习1键，无名指练习3键，中指练习5键，食指练习7键，无名指练习9键。

13 579+13 579+…+13 579，连加10次再连减10次。

24 680指法分工：中指练习2键，食指练习4键，无名指练习6键，中指练习8

键，拇指练习0键。

24 680 +24 680 +…+24 680，连加10次再连减10次。

练习九：盲打练习

老师报数，要求学生不看键盘找准键位，速度由慢到快。

相邻座位同学相互报数，进行找数练习。

学生看数击键，渐渐做到盲打键盘。

练习十：基准键的输入练习

445 445　656 566　664 554　544 466　554 446　446 456　645 645　445 566

645 564　564 564　456 456　665 544　445 566　556 644　554 466　654 654

546 546　566 445

练习十一：按指法规则进行拇指、食指键的输入练习

077 444　074 170　741 700　147 147　0714 147　440l 007　00l 044　144 141

141 441　444 770　107 170　007 147　001 044　041 000　144 141　774 411

000 170　007 744

练习十二：按指法规则进行大拇指、无名指的输入练习

06 960　　333 603　006 039　606 099　603 366　933 939　069 690　306 333

930 600　990 606　663 306　939 339　336 699　693 693　963 963　0936 309

063 906　639 639

练习十三：按指法规则进行大拇指和中指的输入练习

050 082　285 505　080 820　008 582　025 085　025 085　225 550　280 050

505 582　028 080　285 800　580 028　225 588　085 828　085 280　085 202

885 522　225 588

练习十四：按指法规则进行综合练习

4.33　173.18　1.948　222 356　3.1415　8 848.8　2 004.8　765.98　786 543　675 098

二、实训目标

运用计算器进行传票翻打，除熟练加减法运算外，还应掌握盲打、整理、摆放、找页、翻页、记页等基本功。

三、实训考核

分小组进行考核评价。

思维拓展 4-1

　　传票算可以为会计核算、财会分析、统计报表提供及时、准确、可靠的基础数字，是财经工作者必备的一项基本功，并被列入全国会计技能比赛的正式项目进行传票翻打，除熟练加减法运算外，还应掌握盲打、整理、摆放、找页、翻页、数页等基本功。那么如何正确训练传票算的基本功并提高速度和准确率呢？

　　要求：请同学们以小组为单位进行讨论，然后按照教材中的方法进行练习。

分析提示 4-1

项目考核

一、选择题

1.单式传票算题型：每本单式传票每版每页1行数，每笔最高为（　　）位数，最低为4位数，0~9各数码均衡出现，全为金额单位。

A.6或9   B.7或9

C.8或9   D.9或0

2.传票的种类多种多样。根据传票装订与否，分为（　　）和活页本两种。

A.单式传票   B.复式传票

C.装订本   D.多项目传票

3.会计凭证按照形式划分，可分为（　　）和（　　）两种。

A.单式传票   B.复式传票

C.装订本   D.多项目传票

二、问答题

1.单式记账和复式记账凭证的区别是什么？

2.什么是传票算？

3.传票算翻页的技巧有哪些？

三、实训题

翻打百张传票算题。

做题		对题		成绩	阅卷		复核	
顺	起止页	行数	答案	顺	起止页	行数	答案	
1	11~30	（四）		11	43~62	（四）		
2	51~70	（一）		12	53~72	（二）		
3	24~43	（二）		13	19~38	（一）		
4	26~45	（三）		14	66~85	（四）		
5	71~90	（四）		15	79~98	（二）		
6	35~54	（二）		16	43~62	（三）		
7	67~86	（五）		17	44~63	（五）		
8	76~95	（一）		18	28~47	（五）		
9	12~31	（一）		19	41~60	（一）		
10	48~67	（五）		20	29~48	（四）		

项目评价表

内　　容		评价		
学习目标	评价项目	3	2	1
职业能力 了解传票算的种类和应用范围	1.传票算的种类			
	2.传票算的应用范围			
计算机小键盘的使用	1.键盘盲打			
	2.翻打百张复式传票			
计算器的使用	1.键盘盲打			
	2.翻打百张复式传票			
通用能力 组织能力				
沟通能力				
解决问题的能力				
自我提高的能力				
创新能力				
综合评价				

等级说明：

3——能高质、高效地完成此学习目标的全部内容，并能解决遇到的特殊问题；

2——能高质、高效地完成此学习目标的全部内容；

1——能圆满完成此学习目标的全部内容，无需任何帮助和指导。

评价说明：

优秀——达到3级水平；

良好——达到2级水平；

合格——全部任务都达到1级水平；

不合格——不能达到1级水平。

金融综合业务技能

学习目标

知识目标

1. 了解银行柜员制的组织结构和岗位职责。

2. 掌握银行数字书写规范。

3. 掌握对私、对公储蓄柜面业务的基本流程以及单位存款业务的基本流程。

技能目标

1. 能够理解银行柜员制的组织结构和岗位特点。

2. 能够按照银行的书写规范写数字。

3. 能够按照银行对私、对公储蓄柜面业务的基本流程办理业务。

素养目标

1. 培养学生的社会主义核心价值观。

2. 提高学生文化素养,弘扬中国传统文化。

3. 培养学生的家国情怀——责任与担当。

4. 提高学生金融素养,引导学生遵守金融行业职业道德。

5. 引导学生树立法治观念,提高运用法治思维和法治方式维护自身权利、参与社会公共事务的能力。

项目五思维导图

银行柜台劳动组织形式及变革
营业部岗位设置 — 银行柜员岗位设置
综合柜员岗位职责

阿拉伯数字的书写方法
阿拉伯数字的书写规范
小写金额的标准写法
中文大写的书写方法 — 银行柜员书写规范
大写金额的书写要求
结算凭证与票据日期的书写要求

金融综合业务技能

对私业务基本流程
— 活期储蓄柜面业务基本操作流程
— 定期储蓄柜面业务介绍
— 定期储蓄柜面业务基本操作流程

对公业务基本流程
— 对公活期存款业务介绍
— 对公活期存款业务基本操作流程
— 对公定期存款业务介绍
— 对公定期存款业务基本操作流程

任务一　银行柜员岗位设置

任务导入

银行有哪些岗位？这些岗位的职责是什么？综合柜员制是一种较为普遍的银行组织形式。通过对综合柜员制的学习，同学们可以了解银行柜员制的组织结构和各个岗位的职责和特征。

知识要点

综合柜员制是指营业网点在法定业务范围内，按照规定的业务处理权限和操作流程，由单个员工或多个员工的组合，通过临柜窗口为客户综合办理本外币储蓄、信用卡、对公会计、出纳等多种金融业务，并独立承担相应责任的一种劳动组合方式。综合柜员制营业网点的每个柜台都可办理现金收付、转账、通存通兑等业务。

一、银行柜台劳动组织形式及变革

随着金融电子化的发展和科技在银行业务领域的广泛运用，银行柜台劳动组织形式也由双人临柜制发展到单柜员制，直至现在的综合柜员制。

（一）双人临柜制

这是银行会计业务手工核算时典型的柜台劳动组织形式，其基本机制是记账员记账、复核员复核（兼出纳）。

（二）单柜员制

这是柜员制发展的初始形式，一般应用于储蓄业务领域，即柜员独立处理储蓄业务。其复核机制是一般业务当天复核、重大业务当场复核（授权）。

（三）综合柜员制

综合柜员制是指柜员在其授权范围内，可以办理多币种、多种类的各项会计业务，并承担相应经济责任的一种劳动组合形式。

设立综合柜台是对传统柜台业务办理方式和柜台劳动组合形式的重大改革。通过对柜台业务实行单人收款、付款、记账"一手清"，最大限度地减少了现金、凭证传递环节，加快了业务处理速度，提高了柜台工作效率。在柜台服务上，打破窗口服务的业务界限，任何一个窗口都可以同时办理对公、对私各项业务，可减少客户的等候时间。

二、营业部岗位设置

营业部是商业银行最基层的业务部门，商业银行对外正常开展的各项业务，如存款、贷款、现金收付、支付结算、外汇业务、中间业务等，都必须通过营业部具体办理和进行核算。营业部对外营业的过程就是实现银行各项业务的过程。营业部也是对外服务的窗口。银行的服务宗旨也需要通过营业部柜员的优质服务传递给客户，树立高效优质的窗口形象，因此，营业部工作对于整个商业银行来说有着举足轻重的地位和作用。各商业银行根据营业部业务量的不同，人员配备各异。但无论业务、人员多少，均应按规定设置相应的岗位，以适应对外办理业务和内部控制的需要。营业部通常应设置以下三类岗位：

1. 营业部经理

营业部经理主要负责营业部的全面管理工作，同时专门负责大额现金和转账资金的授权以及重要印章管理工作。

2. 柜长

柜长主要负责后台综合业务和对综合柜员在业务权限中的授权、密押管理、系统开机、日终平账等工作。为了保证业务的正常开展，柜长可设A、B岗，可以互相替代和补充。

3. 综合柜员

各支行设置若干个综合柜员岗位，主要负责前台柜面业务处理和现金、凭证、尾箱管理。由于对外营业时间较长，支行应视业务量、人员情况进行轮班安排、合理分工。例如，某市商业银行支行营业部岗位设置及分工见表5-1。

表5-1　　　　　　　某市商业银行支行营业部岗位设置及分工表

岗位	工号级别	尾箱	印章	凭证	密押
①营业部经理	B				
②柜长	C或E				管押
③柜长	C或E				后备管押
④综合柜员	D或F	前台尾箱	现金章、转讫章、储蓄专用章	各类凭证	
⑤综合柜员	D或F	前台尾箱	现金章、转讫章、储蓄专用章	各类凭证	
⑥综合柜员	D或F	前台尾箱	现金章、转讫章、储蓄专用章	各类凭证	
⑦大库管理员兼交换岗	D或F	现金大库		凭证大库	
⑧工号卡管理员兼会计印章管理员			业务公章、汇票专用章后备		

三、综合柜员岗位职责

综合柜员应本着高度的工作责任心，严格按照国家政策法规和业务规章制度的要求，认真细致地办理柜面业务，做到核算准确、处理及时，自觉提高业务风险防范意识，规范操作，减少差错，杜绝事故；同时，应树立正确的服务意识，对待客户彬彬有礼，认真解答客户的业务咨询，耐心引导客户按照有关业务规定办理业务，通过优质服务塑造良好的公众形象。

综合柜员的具体职责是：

（1）妥善保管和正确使用现金章、转讫章及个人名章。

（2）认真审查受理客户提交的票据或凭证是否合法、合规，印鉴是否相符，及时、正确处理账务，及时传递票据和凭证，做到不积压、不遗失、不随意压票。

（3）办理对公业务，包括对公现金业务、对公账户的开立和撤销、网银账户的开立和撤销、批量开卡、代发工资、汇票签发、ETS签约信息的录入、出售重要空白凭证、印鉴更换、资产业务等。

（4）优先办理VIP叫号的客户业务。办理各类普通叫号客户的业务，包括本外币对私现金存取业务、挂失、投资理财业务、结算业务等。

（5）及时将业务凭证交柜长监督审核，并核对尾箱现金进行轧账，确保钱账无误。

（6）担任反洗钱工作专员。在日常业务办理中，综合柜员要认真关注每笔业务并认真分析客户资金往来是否正常，如发现可疑支付交易应及时向营业部经理汇报。

（7）担任保管箱专员，负责办理保管箱业务，日终负责保管箱钥匙的还原及保管箱系统的退出和存盘。

课堂训练5-1

（8）负责回单箱的管理，包括每天回单的派发和邮寄，如由客户经理代领回单的必须严格按照上级行延伸服务的要求完善相关审批手续并做好签收。对于未能及时取走回单和退票的客户，应主动电话通知客户。

（9）网点密押员后备，负责联行密押的编押、核押及银行汇票的密押及妥善保管。

（10）负责将到期的票据及时进行托收。综合柜员要密切关注支付往来账、查询查复业务等情况，并及时处理。

（11）负责营业部一般凭证和办公用品的管理，做到及时制订计划和领用，保障业务的正常运作。

（12）营业期间临时离岗或营业终了，应在终端上及时做柜员签退，妥善保管工号卡，定期更换柜员密码，防止密码泄露。

（13）负责现金尾箱的接送箱工作，按操作规程办好有关尾箱交接手续，严格贯彻双人会同装开箱制度。

（14）会同其他综合柜员对个人开户资料进行整理及按月装订。

（15）完成营业部经理和支行领导交办的其他工作。

实践训练

一、实训内容

假设自己是综合柜员，向新来的同事介绍综合柜员的岗位职责。

二、实训目标

通过实践活动，使学生理解综合柜员的岗位职责和特征。

三、实训考核

根据学生介绍情况给予评分。

任务二　银行柜员书写规范

任务导入

银行柜员的数字书写正确、规范十分重要，通过本次任务，同学们要正确地进行数字大写、小写的书写，正确地按照支付结算办法的规定书写银行相关资料的数字。

知识要点

数字书写是计算工作的重要组成部分，同时也是经济工作者，特别是银行工作人员的一项基本技能，因为数字书写的正确与否将直接影响工作的准确度。

一、阿拉伯数字的书写方法

1. "0" 的写法：从 "日" 字格的上线中间起，作弧线向左碰线，作弧线碰下线。向上作弧线碰右线，作弧形向上与起点相交。

2. "1" 的写法：从 "日" 字格的右上角附近起笔，斜线直直地到左下角附近落笔。

3. "2" 的写法：起笔不碰 "日" 字格的左线，再向上，向右碰线，略呈半圆，斜线到左下角，碰线一横。

4. "3" 的写法：起笔不碰 "日" 字格的左线，向上碰线，向右碰线略呈半圆，再向中间，转向右下方，向下碰线，弯弯地到左线附近为止，上下都是大半个圆圈。

5. "4" 的写法：从 "日" 字格上线附近偏左一点起，向左斜线到下格，在左线附近再横过去，向右碰线；第二笔从右上向下，斜下去到下面的当中碰线。

6. "5" 的写法：从 "日" 字格上线起笔，向左到中格角，再向上画一个大半圆向右转，碰下线，到左线为止，上面一横平，向右碰线。

7. "6" 的写法：起笔从 "日" 字格的上线上一点，中间偏右一点起，向左下方画一个弧形，在 "日" 字格的虚线下碰底线，绕圈向上，碰到右线，画成一个小圆。

8. "7" 的写法：在上线下一点起笔从 "日" 字格的左上角直到右上角，再斜折到下面，并在下面的中间偏左的地方超出下线落笔。

9. "8" 的写法：从 "日" 字格的右线上方起笔，画弧向上碰线，再到左（不碰线）画弧成一个半圆，拐向右下，碰下线，回上去，直到右上角附近与起笔的地方稍离开一些为止。"8" 是不封口的。

10. "9" 的写法：从 "日" 字格上线下一点起笔，在 "日" 字格的上面一格画一个长圆，在右上角附近向左下再一竖到下线中间，在超出下线的地方落笔。

阿拉伯数字手写体字样见图5-1。

图5-1　阿拉伯数字手写体字样

拓展阅读 5-1

阿拉伯数字的来源

公元3世纪，印度的一位科学家发明了阿拉伯数字。771年，印度北部的一位数学家被抓到了阿拉伯的巴格达，被迫给当地人传授新的数学符号和体系，以及印度式的计算方法（即我们现在用的计算法）。印度数字和印度计数法既简单又方便，其优点远远超过了其他的计算法，因此阿拉伯的学者们很愿意学习这些先进知识，商人们也乐于采用这种方法去做生意。

后来，阿拉伯人把这种数字传入西班牙。公元10世纪，教皇奥里亚克又将其传到欧洲其他国家。公元1200年左右，欧洲的学者正式采用了这些符号和体系。到了13世纪，在意大利比萨的数学家费波拿契的倡导下，普通欧洲人也开始采用阿拉伯数字，15世纪时这种数字的应用已相当普遍。那时的阿拉伯数字的形状与现代的阿拉伯数字尚不完全相同，只是比较接近而已，为使它们变成今天的1、2、3、4、5、6、7、8、9、0的书写方式，又有许多数学家花费了不少心血。阿拉伯数字起源于印度，但却是经由阿拉伯人传向西方的，这就是它们后来被称为阿拉伯数字的原因。

资料来源：作者根据相关资料整理。

二、阿拉伯数字的书写规范

（1）数字应当一个一个地写，不得连笔写。

（2）字体要各自成形，大小均衡，排列整齐，字迹要工整、清晰。

（3）有圆的数字除"8"外，圆圈必须封口。

（4）同行的相邻数字之间要空出半个阿拉伯数字的位置。

（5）每个数字要紧靠下线书写，不能悬空，除了6可伸出上线、7和9可伸出下线外，其他数字都不能写出上、下线。

（6）数字要有一定的向右倾斜度，与下线构成的倾斜角为60度。

三、小写金额的标准写法

（一）有数位分割线的凭证账表的标准写法

（1）对应固定的位数填写，不得错位。

（2）只有分位金额的，在元和角位上均不得写"0"。

（3）只有角位或角分位金额的，在元位上不得写"0"。

（4）分位是"0"的，在分位上写"0"，角、分位都是"0"的，在角位分位上各写一个"0"。

凭证账表的标准写法见表5-2。

表5-2   凭证账表的标准写法

会计凭证账表的小写金额栏							原始凭证上的大写金额栏
没有数位分割线	有数位分割线						
	万	千	百	十	元	角	分	
¥0.08							8	人民币捌分
¥0.60						6	0	人民币陆角整
¥2.00					2	0	0	人民币贰元整
¥17.08				1	7	0	8	人民币壹拾柒元零捌分
¥630.06			6	3	0	0	6	人民币陆佰叁拾元零陆分
¥4,020.70		4	0	2	0	7	0	人民币肆仟零贰拾元柒角整
¥15,006.09	1	5	0	0	6	0	9	人民币壹万伍仟零陆元零玖分
¥13,000.40	1	3	0	0	0	4	0	人民币壹万叁仟元肆角整

（二）没有位数分割线的凭证账表的标准写法

（1）阿拉伯金额数字前面应当书写货币币种符号或者货币名称简写，币种符号和阿拉伯数字之间不得留有空白。凡阿拉伯数字前写币种符号的，数字后面不再写货币单位。

（2）以元为单位的阿拉伯数字，除表示单价等情况外，一律写到角分；没有角分的角位和分位可写出"00"或者"—"；有角无分的，分位应当写出"0"，不得用"—"代替。

（3）只有分位金额的，在元和角位上各写一个"0"，并在元与角之间点一个小数点，如"¥0.06"。

☑ 小知识 5-1 --

人民币符号"¥"的由来

1955年3月1日，中国人民银行发行第二套人民币时首次正式确定人民币的符号。因为人民币单位为"元"，而"元"的汉语拼音是"yuán"，因此，人民币符号就采用"元"字汉语拼音字母中的第一个字母"Y"。为了防止"Y"和阿拉伯数字之间的误认和误写，就在"Y"字上加上两横而写成"¥"，读音仍为"元"。从此，人们就开始用"¥"符号表示人民币，在书写数字金额时用它作封头符号了，如人民币100元写作"¥100"或者"RMB 100"。

四、中文大写的书写方法

中文大写与读数一致，是由数字和数位词组成的，用正楷字体或行书字体书写。

（1）数字：零、壹、贰、叁、肆、伍、陆、柒、捌、玖。

（2）数位词：拾、佰、仟、万、亿、角、分、元等。

（3）金额：人民币、港元、美元、欧元、日元等。

大写字体参考写法见表5-3。

表5-3　　　　　　　　　　　　　大写字体参考写法

壹	贰	叁	肆	伍	陆	柒	捌	玖	拾
佰	仟	万	元	角	分				

五、大写金额的书写要求

（1）大写金额要紧靠"人民币"三个字书写，不得留有空白，如果大写数字前没有印好"人民币"字样，应加填"人民币"三个字。

（2）大写金额数字到"元"或"角"，在"元"或"角"后写"整"字；大写金额有"分"的，"分"后面不写"整"字。例如，￥12 000.00应写为：人民币壹万贰仟元整；￥48 651.80可写为：人民币肆万捌仟陆佰伍拾壹元捌角整；而￥486.56应写为：人民币肆佰捌拾陆元伍角陆分。

（3）分位是"0"可不写"零分"字样，如￥4.60应写为：人民币肆元陆角整。

（4）阿拉伯金额数字中间有"0"时，汉字大写金额要写"零"字，如￥1 409.50应写为：人民币壹仟肆佰零玖元伍角整。

（5）阿拉伯金额数字元位是"0"的，或者数字中间连续有几个"0"的，元位也是"0"，但角位不是"0"时，汉字大写金额可以只写一个"零"字，也可以不写"零"字。例如，￥1 680.32，汉字大写金额应写为：人民币壹仟陆佰捌拾元零叁角贰分，或者写为：人民币壹仟陆佰捌拾元叁角贰分。又如，￥97 000.53，汉字大写金额应写为：人民币玖万柒仟元零伍角叁分，或者写为：人民币玖万柒仟元伍角叁分。

（6）阿拉伯金额数字角位是"0"，而分位不是"0"时，汉字大写金额"元"后面应写"零"字。如￥6 409.02，汉字大写金额应写为：人民币陆仟肆佰零玖元零贰分；又如￥325.04，汉字大写金额应写为：人民币叁佰贰拾伍元零肆分。

（7）阿拉伯金额数字最高是"1"的，汉字大写金额加写"壹"字。如￥15.80，汉字大写金额应写为：人民币壹拾伍元捌角整；又如￥135 800.00，汉字大写金额应写为：人民币壹拾叁万伍仟捌佰元整。

（8）在印有大写金额万、仟、佰、拾、元、角、分位置的凭证上书写大写金额时，金额前面如有空位，可"×"注销，阿拉伯金额数字中间有几个"0"（含分位），汉字大写金额就是几个"零"字。如￥100.50，汉字大写金额应写为：人民币×万×仟壹佰零拾零元伍角零分。

拓展阅读 5-2

中文数字大写的来历

我国历史上最大的税收案是明代的郭桓案。据史书记载，在朱元璋执政的明朝初年，有四大案件轰动一时，其中有一件重大贪污案——"郭桓案"。明朝贪污之风盛行，国家的税款、税粮是贪官污吏攫取的主要目标。郭桓曾任户部侍郎，任职期间利用职权勾结地方官吏，大肆侵吞政府钱粮、渔盐等物，折米计算达2 400万石精粮，这个数字几乎与当时全国秋粮的实征总数相等。此案于洪武十八年被人告发，牵连12个政府高官、6个部的大小官员和全国许多地方官僚、地主。朱元璋对此大为震怒，下令将户部左右侍郎以下官吏数百人一律处死。据史书记载，因"郭桓案"牵连下狱致死者达数万人。与此同时，朱元璋制定了严格的惩治经济犯罪的法令，并在全国财务管理上实行了一些有效措施，其中有一条就是把记载钱粮、税收数字的汉字"一二三四五六七八九十百千"改用大写"壹贰叁肆伍陆柒捌玖拾陌阡"。这一方法的实行也堵塞了财务管理上的一些漏洞。此后，人们在使用"大写数字"过程中，逐渐用"佰仟"二字取代了"陌阡"。到了近代，随着阿拉伯数字引入我国，与汉字的大写数字配合，形成了完整的记账字体系，并一直沿用至今，这也是数字大写的由来。

资料来源：作者根据相关资料整理。

六、结算凭证与票据日期的书写要求

（一）结算凭证的书写要求

（1）收、付款人名称的填写必须与其在银行开户的名称完全一致，不能写简称，不能添字、漏字，不能写别字。个人姓名做到"三统一"：凭据上的、名章上的、身份证上的完全统一。

（2）"付款人开户银行"处改手工填写为银行加盖条章。凡购买的支票等票据未盖银行名称条章的，应到银行补盖。

（3）"用途"栏的填写应注意两点：其一，收付款的用途一定要和收付款单位的生产、经营性质相吻合。其二，收付款项的用途要做到既明确又详细，如"贷款"应填为"钢材款""成衣款""还款"等字样，以防银行当成单位之间借用资金而发生退票。

（4）用白纸手写收（借）条时，要说明对方是谁，为什么收这笔钱，货币的类别和数量，有关条件，收款的时间，写条人的法定资格等。

（二）票据日期的书写要求

票据的出票日期必须使用中文大写。为防止变造票据的出票日期，在填写月、日时，为壹、贰和壹拾的，日为壹至玖以及壹拾、贰拾和叁拾的，应在前面加"零"；日为拾壹至玖的，应在前面加"壹"。票据出票日期使用小写填写的，银行不予受理。大写日期未要求规范填写的，银行可予受理，但由此造成损失的，由出票人自行承担。

拓展阅读 5-3

结算凭证和票据填写的规定

银行、单位与个人填写的各种票据和结算凭证，是办理支付结算和现金收付的重要依据，直接关系到支付结算的准确、及时和安全。票据和结算凭证是银行、单位和个人凭以记载账务的会计凭证，是记载经济业务和明确经济责任的一种书面证明。为此，财政部、中国人民银行和中国文字改革委员会 1963 年就在联合通知中规定了凭证的填写方法。1984 年财政部发布《会计人员工作规则》再次予以确认。2004 年 8 月 28 日修改的《中华人民共和国票据法》、1996 年 6 月 17 日财政部发布的《会计基础工作规范》以及中国人民银行制定的《正确填写票据和结算凭证》等法规制度文件，进一步完善和规范了结算凭证的填写要求。总体上讲，填写票据和结算凭证必须坚持标准化、规范化，做到要素齐全、数字正确、字迹清晰、不错漏、不潦草，防止涂改。

资料来源：作者根据相关资料整理。

实践训练

一、实训内容

假设自己是银行综合柜员，将下列小写金额数字写成中文大写金额。

小写金额	大写金额	小写金额	大写金额
¥400.00		¥1 509.50	
¥62 731.00		¥6 007.14	
¥7 150.60		¥14.02	
¥15.06		¥325.04	
¥40 093.00		¥480.50	

二、实训目标

通过实践活动，使学生掌握数字中文大写规范写法。

三、实训考核

按照学生书写的规范程度给予评分。

任务三　对私业务基本流程

任务导入

对私业务是银行柜员工作中的常见业务，希望同学们能够通过本任务学会按照银行对私储蓄柜面业务的基本流程办理业务。

知识要点

活期存款账户分为结算账户和储蓄账户两种。个人活期储蓄存款账户既可开成结算账户，也可开成储蓄账户。结算账户和储蓄账户的相同点是：都可以存取现金；存款都可获得利息收入且利率相同；本人名下的个人结算账户和活期储蓄账户间可以相互转账。二者的不同点是：在办理对外资金转出或接受外部的资金转入时（包括本人异地账户汇款），只能通过结算账户办理；储蓄账户只能办理本人名下的存取款业务和转账，而不能对他人或单位转账，也不能接受他人或单位的资金转入。

在开户过程中，会用到一种重要的凭证——储蓄存折。凭证种类包括储蓄存折、储蓄存单、一本通存折、一卡通。可以用储蓄存折的储种包括：活期、零存整取、通知存款、教育储蓄和存本取息。整存整取和定活两便都使用储蓄存单。

一、活期储蓄柜面业务基本操作流程

（一）开户的基本操作流程

（1）接过客户填写的开户申请书、有效身份证件和现金。

（2）审核开户申请书，鉴别身份证件。如为代理人开户，应同时审核代理人的身份证件。在检查时应特别注意客户提供的相关证件原件是否真实、有效，是否与客户本人相符，是否与填写的存款凭条内容一致，防止出现过期身份证、伪造身份证等无效身份证件。

（3）按照现金收款程序进行现金鉴别、清点，并将清点无误的现金收入款箱。柜员接过客户现金后应认真地清点、检验和捆扎。清点现金按"三先三后"程序操作，即先点大数后点细数，先点主币后点辅币，先点大面额票币后点小面额票币。收入现金必须坚持手工清点，并用带有检伪功能的点钞机进行两遍复点。

收入的现金应捆扎成"把"（纸币100张）或"卷"（硬币50枚或100枚），并在腰条侧面加盖柜员个人名章，核对无误后放入现金箱保管。收妥的现金应按券别、残好分别归位入箱，做到一笔一清，妥善保管。

收款中如发现现金与储户所述金额不符，应立即退还全部现金并向交款人讲明，待客户核实后，再按交款人确认金额重新清点。

清点时，若发现假币，应当即告知客户，并由两名以上持有反假币上岗资格证书的人员在客户视线内（假币不得离开监控范围）办理假币收缴手续。若为假纸币还需在假币正反面加盖"假币"戳记。柜员输入交易码，进入"假币收缴"界面，录入相关信息后打印"假币收缴凭证"，并请客户签字确认。若客户拒绝签字，应在客户签字栏注明"客户拒签"，然后在"假币收缴凭证"上加盖经办和复核人员名章和业务公章。柜员一次性发现假人民币20张及以上、假外币10张（含）以上的，应立即报告当地公安机关。

（4）系统操作，将业务信息录入系统，如图5-2所示。

视频5-1

私人活期储蓄业务系统操作

图5-2 私人活期储蓄业务

（5）请客户留存密码或其他支取方式信息。

（6）打印"存款凭条"，交客户签字确认。

（7）打印存折，签章，在"存款凭条"上加盖现金收讫章或清讫章，在存折上加盖储蓄业务专用章。

（8）将存款凭条收入传票作为银行会计原始凭证，将存折、身份证件交还客户并送别客户，结束该笔业务。

（二）续存的基本操作流程

（1）客户将现金和存折交给柜员，柜员口头询问客户存款金额。若需填写存款凭条，则将存款凭条连同现金和存折一起交柜员。一般活期续存、取款时不须出示身份证件，但是大额取款、代办业务时均须出示身份证件。

（2）点收现金，并进行口头核对，核对无误后现金入箱。如果存款金额超过柜员现金限额，则须获得授权。如果客户办理无折存折，须填写存款凭条，并在凭条非打印区内注明存款账号。在办理业务时，柜员还应注意严格执行央行现金管理的有关规定。

（3）读取存折磁条，进行系统操作，录入业务信息。

（4）柜员打印存款凭条、存折，客户审核凭条无误后，在存款凭条上签字确认。柜员在存款凭条上加盖现金收讫章或清讫章和名章，授权业务加盖授权人名章。

（5）保存存款凭条作为办理业务的凭证。

（6）柜员将存折交还客户，送别客户。

☑ **小知识 5-2**

根据中国人民银行《人民币银行结算账户管理办法》的规定，活期存款账户分为结算账户和储蓄账户两种，又包括普通存折和一本通两种形式。其中，一本通是集人民币、外币等不同币种于一折的活期存款账户。所以，个人活期存款开户既可开成结算账户，也可开成储蓄账户，其形式既可采用普通存折，也可采用一本通。

二、定期储蓄柜面业务介绍

定期储蓄是储户在存款时约定存期，开户时一次存入或在存期内按期分次存入本金，到期时整笔支取本息或分期、分次支取本金或利息的储蓄。根据存取方式不同，定期储蓄可分为整存整取定期储蓄、零存整取定期储蓄、存本取息定期储蓄、整存零取定期储蓄和教育储蓄。

课堂训练5-2

（一）整存整取定期储蓄

整存整取定期储蓄是在开户时将本金一次存入，由储蓄机构发给存单，到期凭存单支取本息，存期内按存入同档次定期利率计息。如果到期未支取，超过存期部分按支取日公布的活期利息计算；也可根据储户意愿，办理存款到期转存业务，按转存日挂牌公告的利率计算。其基本规定是：

（1）整存整取定期储蓄存款由客户事先约定存期，一次存入，到期凭存单支取本息。

（2）起存金额为50元，一次存入，多存不限，存入时由经办行发给储蓄存单，到期凭存单支取本息。

（3）账户开立时开通自动转存功能，每次存款到期，将到期利息并入本金按原存期、转存日挂牌的同档次定期存款利率办理转存。转存后未满转存期取款的，应按提前支取手续办理，办理转存后，不打印新存单，存款的账户、户名不变。

（4）可办理全部或部分提前支取，但部分提前支取只限一次。

（二）零存整取定期储蓄

零存整取是指在开户时事先约定每次存入的金额，逐月按约定的固定金额存入，到期支取本息的定期储蓄。其基本规定是：

（1）5元起存，存期有1年、3年、5年三个档次。

（2）每月以约定金额存入，若中途疏漏，可次月补齐。未补齐者以后不接受续存及补存。未补者，视同违约，对违约后存入的部分，支取时按活期利率计算。

（3）只能办理全部提前支取，不能办理部分提前支取。

（4）本储种只限人民币业务。

（三）存本取息定期储蓄

存本取息是一种一次存入本金，存期内按约定时间分次支取利息，到期归还本金的定期储蓄存款。其基本规定是：

（1）只限人民币业务，起存金额5 000元。

（2）期限分为1年、3年、5年三个档次。

（3）不得部分提前支取，可以全部提前支取，如果提前支取，按支取日挂牌公告的活期利率计息，并扣回多支付的利息。

（4）存期内按月支付利息，取息期未到不得提前支取利息，到取息日未取的利息，以后可随时支取但不计复利。

（5）销户时，若有未支取利息，必须先支取利息，方可办理销户。

（6）每次支取利息=（本金×存期×利率）÷取息次数。

（7）提前支取本金按定期存款提前支取的规定计算存期内的利息，已分次付出的利息要全部扣回。

（8）本储种只限人民币业务。

定期储蓄主要品种见表5-4。

表5-4　　　　　　　　　　　定期储蓄主要品种

储种	整存整取	零存整取	存本取息
起存额	50元	5元	5 000元
存期	3个月、6个月、1年、2年、3年、5年	1年、3年、5年	1年、3年、5年
存取方式	开户时可约定自动转存一次；存期内允许部分提前支取；预留密码，到期支取可办理通兑	预留密码可通兑，到期支取回原开户机构办理；不允许部分提前支取；如有漏存，必须于次月补齐，否则视为违约，按活期存款计息	是手工处理业务；不允许部分提前支取；须按约定时间支取利息，不得提前；如到期日未取，以后可随时支取

三、定期储蓄柜面业务基本操作流程

（1）接过客户填写的存款凭条、有效身份证件和现金。

（2）审核存款凭条，鉴别身份证件，如为代理人开户，须同时审核代理人的身份证件。

视频5-2

私人定期储蓄
业务系统操作

（3）按照现金收款程序进行现金鉴别、清点，并将清点无误的现金收入款箱。

（4）进行系统操作，将业务信息录入系统，如图5-3所示。

业务类型	1 - 定期一本通存款	有 无 卡 折	1 - 有卡/有折
账　　号	6217998823000052981	序　　号	1 - 整存整取3月
账户名称		凭证号码	
介质种类	001 - 储蓄存折	凭 证 号 码	
币　　种	CNY - 人民币	产品代码	41011 - 整存整取
存　　期	03 - 3个月	现转标志	1 - 现金
开户/存款金额	13,000.00	转存类型	0 - 本息转存
证件类型	1 - 居民身份证	证件号码	360330199206251689
摘　　要	1 - 日常业务		

代理人信息　转出方账户信息　转存信息

代理人证件类型	1 - 居民身份证
代理人证件号码	440562198907061233
代 理 人 姓 名	张鑫
代理人联系方式	18879965236

卡/账号　　　　　　　　　　　序 号

图5-3　私人定期储蓄业务

（5）请客户留存密码或其他支取方式信息。

（6）打印"存款凭条"及存单。

（7）请客户核对存款凭条，签章，在"存款凭条"上加盖现金收讫章或清讫章，在存折上加盖储蓄业务专用章。

（8）将存款凭条收入传票作为银行会计原始凭证，将存折、身份证件交还客户并送别客户，结束该笔业务。

》 职业道德与职业素养　　　　火眼金晴识犯罪

银行员工凭借敏锐的职业嗅觉，火眼金睛般识破犯罪嫌疑人的柜台非法转账行为，机智协助公安机关成功抓获了犯罪嫌疑人。

2021年4月21日，男客户覃某持借记卡、信用卡各一张来到某银行网点，对银行柜员小陈称信用卡内有车贷欠款，要从手中的借记卡转款到信用卡里归还。小陈根据相关规定请覃某出示本人身份证，当小陈看到身份证的名字时，脑中隐约想起"广西涉案账户倒查追责清单"里好像有这个名字，小陈第一反应是首先稳住客户，他不露声色向覃某解释说办理信用卡还款需要到柜台才能办理，请他在大厅耐心等待，随后将情况紧急报告给运营主管芳姐。芳姐在系统查询到该客户账户因涉电信诈骗已被锁定并确认其为"断卡"行动中涉案嫌疑人员，马上向反诈中心联系人张警官汇报，张警官指示其拨打110电话报警并稳住客户。芳姐即暗示小陈继续和客户互动周旋，避免其发现异常、产生怀疑，并偷偷对网点大堂、保安人员进行了部署，以保证公安人员到达之前不让覃某离店。10分钟过后，所属辖区名山派出所警察到达网点，成功抓获了该犯罪嫌疑人。

该网点此次能协助公安机关抓获涉案嫌疑人，得益于对突发事件应急预案演练的重视和演练时的认真投入，银行柜员熟悉各种突发事件的应对方法，在遇到突发事件时，分工明确，各司其职，沉着应对，从容地与涉案嫌疑人周旋，为公安机关抓捕嫌疑人提供了宝贵时间。

资料来源：陈芳，李月娟．栽了，电信网络诈骗嫌疑人被银行柜台人员成功识破［EB/OL］．［2021-05-01］．https://www.thepaper.cn/newsDetail_forward_12500889.经过改编。

启示：

该案例反映了金融行业的职业道德、法治思维和法治方式在实际工作中是如何体现的，使学生直观地了解如何在实际工作中践行敬业的社会主义核心价值观。

实践训练

一、实训内容

请模拟某银行营业网点柜员，完成以下业务处理。

（1）储户张某（身份证号：340202199405210055）于2020年9月1日来办理活期储蓄存款（储蓄账户）开户，存入人民币10 000元（账号：001000538120301）。

（2）储户张某于2020年5月3日存入一笔整存整取定期储蓄存款30 000元，约定存期一年。

二、实训目标

通过实践活动，使学生掌握银行柜员对私业务。

三、实训考核

根据学生完成情况给予评分。

任务四 对公业务基本流程

任务导入

对公业务是银行柜员工作中的重要业务，通过本任务的学习，希望同学们能够按照银行对公储蓄柜面业务的基本流程办理业务。

知识要点

一、对公活期存款业务介绍

单位存款（对公存款）是指企业、事业单位、机关、部队和社会团体等单位在金融机构办理的存款。按照存款的币种不同，单位存款可分为单位外汇存款和人民币单位存款。人民币单位存款包括活期存款、定期存款、协定存款及经中国人民银行批准的其他存款。

（一）人民币单位活期存款

人民币单位活期存款是一种随时可以存取、按结息期计算利息的存款，存取主要通过现金或转账办理。其主要使用以下几种账户：

（1）基本存款账户。基本存款账户是企事业单位的主要存款、结算账户，是存款人办理日常转账结算和现金收付的账户。企事业单位只能选择一家银行开立基本存款账户，存款人发放工资、奖金等时现金支取只能通过基本账户办理。

（2）一般存款账户。一般存款账户是存款人在基本存款账户以外的银行办理银行借款转存，与基本存款账户的存款人不在同一地点的附属非独立核算单位开立的账户。一般存款账户可以办理转账结算和现金缴存业务，但不能办理现金支取业务。

（3）临时存款账户。临时存款账户是经有关部门同意，外来临时机构或个体工商户因临时经营活动需要开立的账户。存款人可以通过本账户办理转账结算，并可根据国家现金管理的规定办理现金收付。

（4）专用存款账户。专用存款账户是存款人因特定用途（基本建设、更新改造等）需要开立的账户。专用存款专款专用，不得办理日常结算和现金收付业务。

人民币单位活期存款具有以下特点：

（1）单位的活期存款账户是指银行为单位存款人开立的用于办理现金存取、转账结算等资金收付活动的银行结算账户，是一种随时可以存取、按结息期计算利息的单位存款。

（2）单位的银行结算账户根据管理要求的不同，可划分为基本存款账户、一般存款账户、临时存款账户和专用存款账户四种。各单位只有在银行开立结算账户，才能办理现金存取、转账结算等资金收付活动。

（3）客户有资金收付结算需要的，均可开立单位活期存款账户。

（4）单位活期存款实行账户管理，客户开立的办理资金收付结算的人民币活期存款账户称为银行结算账户。

（5）存款利率按照中国人民银行规定的利率执行。单位活期存款按结息日挂牌公告的活期存款利率计息，遇利率调整不分段计息。

人民币单位活期存款按照存取方式不同，还可分为支票户和存折户。支票户是单位在银行开立的凭支票等结算凭证办理存取款项的账户；存折户是单位在银行开立的使用存折办理存取款项的账户。

（二）单位活期存款账户的开立

单位客户申请开立单位银行结算账户时，应按《人民币银行结算账户管理办法》的有关规定，提供相应的开户资料。开户行为单位客户开立的单位银行结算账户的名称，应与单位客户出具的申请开户的证明文件的名称相一致。开户行应建立健全开销户登记制度，对结算账户的开立与撤销予以及时记录和反映。

1.基本存款账户的开立

基本存款账户是存款人因办理日常转账结算和现金收付需要开立的银行结算账户。申请对象：企业法人；非法人企业；机关、事业单位；团级以上军队、武警部队及分散执勤的支队；社会团体；民办非企业组织；异地常设机构；外国驻华机构；个体工商户；居民委员会、村民委员会、社区委员会；单位设立的独立核算的附属机构；其他组织。

开立基本存款账户需提供的资料：市场监督管理机关核发的"企业法人营业执照"或"营业执照"正本及副本（原件）；没有法人营业执照的机关、团体、事业单位，请提供管理部门批准成立的批文原件和影印件或民政部门签发的社团登记证原件和影印件；技术监督局颁发的"中华人民共和国机关法人代码证书"正本或副本原件和影印件；法定代表人身份证原件及影印件，如法定代表人不能亲自前来，要提供法定代表人签名的授权书和经办人身份证；单位公章、财务章和法定代表人名章；填写好的开户申请书以及盖好章的预留银行印鉴卡四份；盖有存款人印章的印鉴卡片；市场监督管理机构的核准通知书或中国人民银行发放的基本账户开户许可证。

单位活期存款的币种主要包括：人民币、美元、欧元、英镑、港币、日元、澳大利亚元、加拿大元、瑞士法郎及其他可自由兑换的货币。

2.一般存款账户的开立

一般存款账户是存款人因借款或其他结算需要，在基本存款账户开户银行以外的银行营业机构开立的银行结算账户。

存款人必须在开立基本存款账户的前提下才能申请开立一般存款账户，并须出具基本存款账户"开户许可证"。如果是出于向银行借款的需要，应出具借款合同；如果是出于其他结算需要，应出具有关证明。

3.专用存款账户的开立

专用存款账户是存款人对其特殊用途资金进行专项管理和使用而开立的银行结算账户。存款人申请开立专用存款账户，应向银行出具其开立基本存款账户规定的证明文件、基本存款账户"开户许可证"，并根据以下几种情况提供证明文件：基本建设资金、更新改造资金、政策性房地产开发资金、住房基金、社会保障基金应出具主管部门批文；财政预算外资金应出具财政部门的证明；棉、粮、油收购资金应出具主管部门批文；单位银行卡备用金应按照中国人民银行批准的银行卡章程的规定出具有关证明和资料；证券交易结算资金应出具证券公司或证券管理部门的证明；期货交易保证金应出具期货公司或期货管理部门的证明；金融机构存放同业资金应出具其相关证明；收入汇缴资金和业务支出资金应出具基本存款账户存款人有关的证明；党、团、工会设在单位的组织机构经费应出具该单位或有关部门的批文或证明；其他按规定需要专项管理和使用的资金应出具有关法规、规章或政府部门的有关文件。

4.临时存款账户的开立

临时存款账户是存款人因临时需要并在规定期限内使用而开立的银行结算账户。临时存款账户的有效期最长不得超过两年。存款人申请开立临时存款账户，应向银行出具下列证明文件：临时机构应出具其驻地主管部门同意设立临时机构的批文；异地建筑施工及安装单位应出具其营业执照正本或其隶属单位的营业执照正本，以及施工及安装地建设主管部门核发的许可证或建筑施工及安装合同；异地从事临时经营活动的单位应出具其营业执照正本以及临时经营地市场监督管理部门的批文；注册验资资金应出具市场监督管理部门核发的企业名称预先核准通知书或有关部门的批文；基本存款账户"开户许可证"。

（三）单位活期存款的转账业务

单位活期存款的转账业务按转账收付款单位开户行不同，一般可分为收付款单位均在同一行处开户的转账、收付款单位在计算机联网通存通兑的不同行处开户的转账、收付款单位在计算机联网以外的行处开户的转账三种类型。

收付款单位在同一行处开户的转账和收付款单位在同一银行计算机系统内不同网点开户的转账，柜面处理流程相同。收付款单位在计算机联网以外的同城行处开户的转账需要通过同城交换处理。由于同城票据交换业务涉及当地中国人民银行的要求和不同的交换系统，各地存在不同的交换模式，即使交换模式相同，由于当地中国人民银行交换系统不同，也存在操作上的差异。

（四）单位活期存款的销户业务

单位客户发生下列情况时，进行销户业务操作：

（1）单位客户主动撤销。

（2）开户行得知单位客户因被撤并、解散、宣告破产或关闭以及被注销、吊销营业执照，通知单位客户办理销户手续。自通知发出之日起30天内，如单位客户仍未办理销户手续，开户行有权停止该账户的对外支付。

（3）开户行应对一年内（按对月对日计算）未发生资金收付活动（计息入账除外）且未欠开户行债务的单位银行结算账户，定期进行清理，并通知单位客户办理销户手续。自通知发出之日起30天内未办理销户手续的，开户行可视该客户为自愿销户。

进行销户的账户，必须是已经结清且余额为零的一般活期存款或余额为零的临时存款账户，即账户结清后必须将余额转出。进行销户后，该账户剩余支票将全部核销，并关闭账户。

二、对公活期存款业务基本操作流程

（一）单位活期存款开户的基本操作流程

单位活期存款开户的基本操作流程如下：

（1）审核开户资料。银行柜员需要审核客户提交的"开立单位银行结算账户申请书"一式三联及相关证明文件原件、复印件。开户银行审查同意开户后将账户信息录入账户管理系统，同时将三联"开立单位银行结算账户申请书"及相关证明文件提交中国人民银行审核；中国人民银行审核书面开户资料，审核无误的，进行核准处理，将开户许可证正本和副本、存款人密码及二联开户申请书交开户银行；审核有误的，将书面资料退回开户银行；开户银行将开户许可证正本、存款人密码及一联开户申请书交存款人。

视频5-3

单位活期存款
业务系统操作

（2）建立客户账户。建立客户信息档案，开立客户号，如图5-4所示。对于已经在银行开立了客户号的客户，要办理存款业务，必须先预开一个账户。预开账户不涉及金额，但要确定该账户为支票户还是存折户。

图5-4　单位活期存款业务

（3）激活账户。

（4）出售支票。若属支票户，开户行还要向单位客户出售现金支票、转账支票等重要空白凭证。

（5）打印开户申请书、印鉴卡、存折与凭条，存折签章后交客户。

在进行系统操作时应注意：单位开立一般存款账户、专用账户和临时账户的，应自开户之日起3个工作日内书面通知基本存款账户开户银行；初次开户之前，先录入客户信息；在账户正式生效前，开户行不得向单位客户出售重要空白凭证；单位银行结算账户的开户一般都是从其他账户转入，但必须在正式开立之日起3个工作日后，经过中国人民银行的核准才能正式生效，生效后方可办理对外支付，但由注册验资的临时存款账户转为基本存款账户、借款转存的一般存款账户除外；在进行活期存款开户之后，须进行"活期账户资料维护"操作，将账户由未申报转为已申报，该用户才能支付款项。

（二）存折户和支票户存取的基本操作流程

存折户存取的基本操作流程：

（1）存款单位采用存折户存取方式向开户银行存入现金时，应填写存款凭条连同现金交银行出纳部门。

（2）银行出纳部门审核无误收妥现金后，凭存款凭条登记收入日记账后送会计部门。

（3）会计部门对存款凭条审查无误后，根据存款凭条开立存折，编列账号，填入存款金额，并加盖银行业务章交存款单位，以存款单位凭条作现金收入传票记账。

支票户存取的基本操作流程：

（1）存款单位采用支票户存取方式向开户银行存入现金时，应填制一式两联现金缴款单，之后连同现金一并送交开户银行出纳部门。

（2）出纳部门经审查凭证、点收现金，登记现金收入日记簿，并复核签章后，在第一联加盖"现金收讫"章后作为回单退交存款人，第二联送交会计部门。

三、对公定期存款业务介绍

课堂训练5-3

办理定期存款须满足中国人民银行规定的基本账户开立的条件。办妥手续后，银行将为存款人开具定期存款开户证实书。证实书仅对存款人开户证实，不能作为质押的权利凭证。存款到期，银行将资金划到存款人指定的账户。如果单笔金额超过1 000万元（含1 000万元）或同一存款单位累计超过2 000万元（含2 000万元），经办银行应实行报告制度，逐级报上级行和当地中国人民银行。

（一）单位定期存款开户业务

单位定期存款是由存款单位约定期限，到期支付本息的一种存款。单位定期存款1万元起存，多存不限。单位定期存款的存期一般分为3个月、6个月、1年三个档次，利率按存入日挂牌公告的相应档次利率计息，遇利率调整不分段计息。单位定期存款账户不能用于结算和提现，只能以转账方式存入其基本存款账户。开户时提交开户申请书、企业法人营业执照或营业执照正本，并预留单位财务专用章、单位法定代表人章和财会人员章印鉴，然后由银行开具"单位定期存款开户证实书"。银行应查询或审查该客户基本信息，为客户开立单位定期存款账户，登记"开销户登记簿"，办理预留银行印鉴手续。

（二）单位定期存款销户业务

单位定期存款账户要销户，必须先将账户金额全部转出，账户无余额、无积数后方能办理。存款单位支取定期存款只能以转账方式将存款转入其基本存款账户，不得将定期存款用于结算或从定期存款账户中提取现金。

四、对公定期存款业务基本操作流程

（一）单位定期存款开户业务基本操作流程

单位定期存款开户业务基本操作流程如下：

（1）查询客户信息。查询是否存在该客户信息。如果没有该客户信息，柜员应根据企业填写的客户基本情况表建立客户基本信息。

（2）审查开户申请书。存款单位开立定期存款户应在拟开户行领取开户申请书，如实填写各栏目内容，并提交市场监督管理机关核发的企业法人营业执照或营业执照正本。

（3）办理预留银行印鉴手续。印鉴应包括单位财务专用章、单位法定代表人章或主要负责人印章和财会人员章。单位在同一营业机构存入多笔定期存款的，与经办行签订协议后，可多个定期存款账户共用一套预留银行印鉴，并在预留印鉴上注明所有定期存款账户的账号。

（4）预开单位基本户和定期存款账户。根据企业交来的申请书、企业法人营业执照或营业执照正本，为客户开立存款账户，如图5-5所示。

视频5-4

单位定期存款开户业务系统操作

图5-5　单位定期存款业务

（5）审查"单位定期存款缴款凭证"。存款单位填写"单位定期存款缴款凭证"一式两联，柜员审查凭证内容、联次是否完整齐全，账号、户名、大小写金额是否相符。

（6）激活账户。

（7）打印"单位存款证实书"。"单位存款证实书"作为银行重要空白凭证管理，仅用于证实存款单位开户，不能作为质押的权利凭证。单位如需办理质押贷款，可向开户银行申请开具"单位定期存单"。"单位存款证实书"遗失后可办理挂失，开户行受理挂失7日后，可补办证实书。

（二）单位定期存款销户业务的基本操作流程

单位定期存款销户业务的基本操作流程如下：

（1）柜员审核凭证。存款单位填写"单位定期存款支取凭证"一式三联，第二联加盖预留印鉴，并持"单位存款证实书"办理支取。柜员需审核证实书是否确属本行签发、内容齐全、无涂改、存款已到期，凭证是否填写正确、金额相符，并审核加盖的印鉴是否与预留印鉴一致。

（2）计算利息。银行审查无误后，按规定利率计算利息，开具利息清单。

（3）办理转账销户业务，并打印签章。

实践训练

一、实训内容

请模拟某银行营业网点柜员，完成以下业务处理：

2024年5月22日，深圳市随身网科技有限公司出纳谢女士来我行先购买一本转账支票，然后办理新开单位定期账户存款业务，从基本账户中向存期为一年的"单位定期存款账户"转入人民币80 000元。

二、实训目标

通过实践活动，使学生能掌握银行柜员对公业务。

三、实训考核

根据学生完成情况给予评分。

分析提示5-1

思维拓展 5-1

1.银行业是经营风险、管理风险并从中获取收益的金融行业，银行柜员作为客户的直接接触者，在为消费者提供金融服务的同时，也面临着越来越大的操作风险，因而防范和化解风险是金融业的永恒主题。

要求：请同学们以小组为单位讨论银行柜面操作风险的主要难点有哪些，然后每个小组选一个代表做总结汇报。

2.银行业务不断发展，操作风险不可能完全消除，但可以采取一些防范措施，降低其发生的概率。

要求：请同学们以小组为单位讨论防范银行柜面操作风险的对策，然后每个小组选一个代表做总结汇报。

分析提示5-2

项目考核

一、选择题

1.柜员在其授权范围内，可以办理多币种、多种类的各项会计业务，承担相应经济责任的一种劳动组合形式是（　　　）。

A.双人临柜制　　　　　　　　　　B.单柜员制

C.储蓄柜员制　　　　　　　　　　D.综合柜员制

2.下列凭证中的中文大写金额书写正确的是（　　　）。

A.1 008.60：人民币壹千零捌拾元陆角

B.15.00：人民币拾伍元整

C.7 300.06：人民币柒仟叁佰零陆分

D.101.50：人民币壹佰零壹元伍角整

3.下列不属于重要空白凭证的是（　　　）。

A.利息清单　　　　B.银行汇票　　　　C.定期存单　　　D.活期存折

二、问答题

1.简述综合柜员岗位职责。

2.简述大写金额的标准写法。

3.简述单位活期存款开户的基本操作流程。

4.什么是综合柜员制？

三、实训题

请模拟某银行营业网点柜员，完成以下业务处理：

储户张某于3月3日存入30 000元一年期整存整取定期储蓄存款，8月30日提前支取5 000元。

项目评价表

内　　容		评价		
学习目标	评价项目	3	2	1
银行柜员岗位设置	1.了解营业部岗位设置			
	2.了解综合柜员岗位职责			
银行柜员书写规范	1.了解阿拉伯数字的书写方法			
	2.了解小写金额的标准写法			
	3.了解大写金额的标准写法			
对私业务基本流程	1.掌握活期储蓄柜面业务基本操作流程			
	2.掌握定期储蓄柜面业务基本操作流程			
对公业务基本流程	1.了解对公活期存款业务基本操作流程			
	2.了解对公定期存款业务基本操作流程			

注："职业能力"为该评价表第一列的学习目标总标题。

续表

内　　容		评　价		
通用能力	组织能力			
	沟通能力			
	解决问题的能力			
	自我提高的能力			
	创新能力			
综合评价				

等级说明：

3——能高质、高效地完成此学习目标的全部内容，并能解决遇到的特殊问题；

2——能高质、高效地完成此学习目标的全部内容；

1——能圆满完成此学习目标的全部内容，无需任何帮助和指导。

评价说明：

优秀——达到3级水平；

良好——达到2级水平；

合格——全部任务都达到1级水平；

不合格——不能达到1级水平。

项目六
银行柜员服务礼仪

学习目标

知识目标

掌握银行柜员日常工作行为规范；理解银行柜员仪表及仪态规范；熟悉银行柜员日常服务流程规范；掌握银行柜员的服务原则、服务理念和服务规范。

技能目标

能够熟练地使用文明服务用语；能够用得体的服务规范语言与客户沟通；能够遵守银行员工的仪表、仪态和行为规范。

素养目标

1.深化对学生的职业理想和职业道德教育。

2.增强职业责任感。

3.增强法治教育。

4.树立和践行敬业、友善等社会主义核心价值观。

5.培养学生热情周到服务的职业精神。

项目六思维导图

```
                                                           ┌─ 仪态的定义
                                                           │
银行柜员仪容礼仪的基本含义 ┐                                  ├─ 银行柜员站姿的礼仪规范
                      │                                    │
银行柜员发型修饰要求     │                    银行柜员仪态礼仪 ┤
                      ├─ 银行柜员仪容礼仪                     ├─ 银行柜员坐姿的礼仪规范
银行柜员化妆修饰要求     │                                    │
                      │                                    └─ 银行柜员走姿的规范
银行柜员的其他修饰要求   ┘
                              银行柜员服务礼仪

                                                           ┌─ 银行柜员语言礼仪的
银行柜员服饰穿着的原则   ┐                                    │   原则和规范
                      │                                    │
男性银行柜员服饰穿着的礼仪规范 ├─ 银行柜员服饰礼仪    银行柜员语言礼仪 ┤─ 银行柜员电话礼仪
                      │                                    │
女性银行柜员服饰穿着的礼仪规范 ┘                               └─ 顾客抱怨、投诉处理
                                                               步骤与基本语言规范
```

任务一　银行柜员仪容礼仪

银行柜员的职业形象关系到银行的品牌形象和客户对银行的满意度，因此十分重要。希望同学们能通过本任务的学习，掌握银行柜员仪容礼仪规范，并能在业务实践中具体运用。

知识要点

英国有句谚语："当你和别人打交道时，他注意你的面部是很正常的。"因此，仪容是个人魅力的重要组成部分，反映出个人的精神面貌。在人际交往中，每个人的容貌都会引起交往者的特别关注，并直接影响对方对你的整体评价。

一、银行柜员仪容礼仪的基本含义

（一）仪容礼仪的概念

仪容既是一个人的外表或容貌，也是一个人内在品质的外部反映，它是反映一个人内在修养的窗口。个人形象在人格发展及社会关系中起着举足轻重的作用。

仪容是个人魅力的重要组成部分，主要指人的容貌，由发式、面容以及人体所有未被服饰遮掩的肌肤构成。

（二）银行柜员仪容的形成

银行柜员仪容的形成受两方面因素的影响：一是个人的先天条件，是自然形成的；二是后天的修饰和保养，科学的保养、积极的美容和合理的修饰与装扮能使形象焕然一新。仪容修饰是人体装饰艺术的重要组成部分，也是礼仪中不可缺少的物质条件。

（三）银行柜员仪容礼仪的基本内容

仪容礼仪就是对自己的外在形象，如头部、脸部等进行整体形象的设计和修饰。

银行柜员的仪容礼仪不仅代表自我形象，更代表行业的整体形象。所以，银行柜员应保持良好的仪容，掌握仪容修饰的基本常识与技巧，有效地弥补自身的缺陷和不足。

银行柜员个人仪容修饰的主要内容通常分为头发、面部、双手及手臂、腿脚四个方面，重点是头发和面部修饰。

二、银行柜员发型修饰要求

（一）男性银行柜员发型修饰原则

男性银行柜员头发应及时清洗，定期修饰整理发型，保持前发不覆盖额头的一半，侧发不遮盖耳朵，后发不长于后发际线，鬓角不长于耳朵中部。男性银行柜员常见发型有四六分、二八开、中分和寸头等，不允许在工作时长发披肩或梳发辫，一般也不允许剃光头。男性银行柜员发型如图6-1所示。

图6-1　男性银行柜员发型图示

（二）女性银行柜员发型修饰要求

女性银行柜员在发型修饰中应注意头发的长度。短发给人以干练的感觉，但是不宜短于6厘米。如果是长发，不允许随意将头发披散开来，应用皮筋将脑后的长发束起并全部放入统一的素色发饰内，以束发或盘发示人（如图6-2所示）。

图6-2　女性银行柜员束发图示

三、银行柜员化妆修饰要求

（一）男性银行柜员化妆修饰要求

男性银行柜员在面部化妆修饰时，"剃须修面"是职业形象的基本要求，首先应做到每日剃须修面，保持面部清洁，可使用一些简单的、基础的面部保养品，如男士洗面奶、男士润肤霜等。其次，男性银行柜员可以使用无色无味唇膏，避免干裂、脱皮现象，切勿以干燥掉皮的唇部示人。综合来看，男性银行柜员的化妆讲求"剃须修面，擦唇膏"，虽然要求相对简单，但是不可忽视。

（二）女性银行柜员化妆修饰要求

1.女性银行柜员化妆前的面部准备

护肤是化妆的基础，正确护肤是化妆的先决条件。肌肤的状况每天都在变化，因此具备肌肤保养的基本常识，有时比化妆更为重要。面对日益加快的工作和生活节奏，为保持良好的工作状态和精神面貌，在了解自己皮肤类型的基础上，选择适合自身肌肤的护肤用品。

2.女性柜员化淡妆的用具准备

女性银行柜员在工作中，应根据自己的职业特点、个性气质等化淡妆示人，妆容应体现金融行业的特点，与工作环境和金融行业着装相协调，正确选择所需的化妆用品用具，掌握基本的化妆技巧和步骤，使自己的妆容达到预期的效果。

一套好的化妆工具对完美的妆容至关重要。化淡妆前，应准备好以下基本化妆用具：

修眉工具：眉镊、眉剪、修眉刀及一套实用的套刷（包括眼影刷、唇刷、眉粉刷、腮红刷、粉底刷等）。

基本化妆用品：海绵（涂抹粉底液或膏时使用）、粉扑、吸油纸、棉花棒、睫毛夹等。

女性银行柜员职业淡妆所需化妆用品及具体要求见表6-1。

表6-1　　　　　　　　**女性银行柜员职业淡妆所需化妆用品及具体要求**

化妆用品		具体要求
打底	粉底	形态有液体、膏状等，颜色应选择接近自己肤色的（白天一般用液体粉底，并根据不同的肤色、肤质及妆型要求加以选择，一般皮肤发黄可选用偏紫色，皮肤发红可选用偏绿色，皮肤灰暗可选用偏蓝色加以调整）
	定妆粉（散粉）	职业淡妆应选用透明亚光色
眼部提亮	眼影	一般职业淡妆应选用棕色系
	眼线笔	黑色
	眉笔	棕色或灰色
	睫毛膏	黑色
腮红	胭脂	可选粉红、橘红及桃红等
唇部修饰	口红、唇彩（唇线笔）	可选用唇红、棕红及玫红等接近自然唇色的颜色

3.职业淡妆的化妆步骤

化妆前，要先清洁面部，上化妆水，抹匀日霜及隔离或防晒霜后，便可进入快速化妆程序。

步骤一：打粉底。在面部打上一层薄薄的粉底，遮盖肌肤上的瑕疵，使肤色更透亮均匀。粉底应选择适合自己肤色的，原则上只比自己的肤色亮一度即可，切忌一味追求白而显得不自然。

步骤二：定妆。把散粉均匀按压到脸上，让皮肤看起来比较滋润细腻，之后用定妆刷扫去多余的散粉，使粉底均匀、妆容持久。

步骤三：描眉。眉毛在整个脸部修饰中起平衡作用。要使脸部清爽有型，修眉必不可少。在原来眉形基础上，根据脸型进行补描。

步骤四：眼部化妆。职业淡妆眼部多选择棕色系，同时也应适合自己眼睛的特点。眼睛凹的人建议选择稍浅或偏亮的颜色，眼睛凸的则建议选用深色或暗色。眼部化妆包括眼影、眼线、睫毛等，眉毛以下的提亮也很关键，能使眉眼更立体。

步骤五：涂抹腮红。冷、暖肤色都可以通过腮红为面色增添红润光泽及修饰脸型。冷肤色可选用粉红色、玫瑰红色；暖肤色可选用粉桃红色、杏色或珊瑚粉色。

步骤六：涂唇膏（彩）。其目的是使妆面更加亮丽、完整。职业淡妆应选择接近唇色的红色，以淡为宜，展现自然的效果。

步骤七：检查整体的妆容效果。

☑ 小知识 6-1 --

不同脸型腮红的涂抹位置和方法

在化妆过程中，腮红涂抹的位置是关键。腮红涂抹的标准位置，一般以鬓发为起点，沿颧骨与面颊交接的位置往嘴角及鼻翼方向涂抹，最高不超过外眼角的延长线，最低不低于嘴角的延长线，晕染自然柔和。

长脸型：腮红可以横向晕染。

方脸型：腮红可以斜向晕染。

圆脸型：腮红可以纵向晕染。

腮红的用法：适当用胭脂刷蘸取少量的颜色，轻刷在脸部自然红晕处，涂抹方向以肌肉的走势为准，体现协调性。生活日妆和职业淡妆的腮红，一般选用粉红、桃红较多，并遵循眼影、口红、服装的色彩协调原则。

四、银行柜员的其他修饰要求

（一）银行柜员脸部的其他修饰

（1）眼睛的保洁、眼病的防治及眼镜的佩戴。重视眼部的保洁，首先应及时除去眼角分泌物，其次要特别注意眼病的预防和治疗，如因视力原因需在工作时佩戴眼镜，应选择适合自己的镜架和镜片。在室内一般不应佩戴颜色过深的镜片，镜架也不宜太夸张，平时还应注意眼镜的清洁，尤其是镜片要保持明净。太阳镜即墨镜，只适合在户外活动时佩戴，不宜在室内工作时佩戴。

（2）耳部的清洁及耳毛的修剪。银行柜员每天应进行耳部的清洁除垢。男性柜员尤其要经常修剪耳孔周围的绒毛。耳部的清洁及耳毛的修剪是每个人的私事，应隐蔽进行，不应在工作时和有他人在场时进行。

（3）鼻部的清洁。鼻部是人脸部的最高点，受关注度也较高，因此鼻部清洁十分重要。而鼻部周围的油脂分泌量较多，毛孔也较为粗大，容易出现皮肤问题，平时应重视此处清洁的彻底性。鼻毛应及时修剪，但不能当众揪拔自己的鼻毛。

（4）注意口腔及周围的卫生。银行柜员要保持口腔的清洁，使口气清新。在上岗工作前不宜食用葱、蒜、韭菜、虾酱等气味刺鼻的食物，以防止因饮食引起口腔异味。双唇的饱满滋润也是一个人精神面貌的体现，作为银行柜员，平时应注意呵护自己的双唇，避免出现开裂、脱皮现象。

（二）银行柜员肢体的修饰

除重点的面容及发式以外，人体其他所有未被服饰遮掩的肌肤也属于个人仪容的基本内容，主要指人的双手、手臂与腿脚。

（1）双手及手臂的修饰。由于工作的特点，双手及手臂在金融行业通常被认为是工作人员的"第二张脸"，平时要做好双手及手臂的保养工作，避免出现粗糙、开裂、红肿、生疮等皮肤问题和皮肤的外伤破损等影响外观的现象。同时，银行柜员应时刻保持手部的清洁，不留长指甲，指甲长度不应超过指尖；要保持指甲的清洁，指甲缝中不能留有污垢；不要涂抹有色指甲油和彩绘、文刺手臂。一般情况下，银行柜员的制服不会裸露肩部，但也应处理得当，不要将腋毛外露，以免不雅。

（2）腿脚的修饰。从银行柜员的工作性质出发，对腿脚部的修饰，首先是清洁。其次，女员工着裙装时应穿长筒丝袜；在工作岗位上不应穿着露脚趾和无后跟或脚后跟裸露在外的鞋子；下肢的美化要注意腿部汗毛的处理并勤剪趾甲；禁止在脚趾涂抹彩色指甲油和在腿脚部进行彩绘等妆饰。

实践训练

一、实训内容
两个学生一组，互相评价对方的仪容、发型等是否符合银行柜员的职业要求。

二、实训目标
通过实践活动，使学生了解银行柜员仪容规范。

三、实训考核
根据小组交流、互评情况给予评分。

任务二　银行柜员服饰礼仪

任务导入

在工作场所穿职业装，这在各国都是通行的惯例和礼仪标准。规范统一的职业装不仅能给顾客以美好的感受，同时也能体现个人的专业形象。希望同学们能通过本任务的学习，掌握银行柜员服饰礼仪规范，并能在业务实践中具体运用。

知识要点

一、银行柜员服饰穿着的原则
英国作家莎士比亚曾经说过，一个人的打扮，就是他的教养、品位、地位的写照。

古今中外，服饰都体现着一个人的文化修养与审美情趣，是展现个人身份、气质以及内在素质的最真实名片。服饰是一门艺术，服饰传达的情感与意蕴不是用语言能替代的。服饰是一种文化现象，是一种无声的语言。

服饰即服装与配饰，作为人体的外在延展部分，包含衣、帽、鞋、袜等基础着装，以及手表、戒指、耳环等装饰物品。从服饰的式样和颜色，可以看出一个人的性格和心理状态。

（一）TPO原则

TPO原则是世界通行的着装最基本原则。它要求人们的服饰以和谐为美。TPO原则基本内容为：着装要与季节相吻合，符合时令，与所处场合及不同国家、区域、民族的习俗相吻合，符合着装人的身份；根据不同的交际目的、交往对象选择服饰，给人留下良好的印象。TPO原则具体包括：

（1）Time（时间）原则：此原则要求在着装时考虑早、晚、日间及时令的变化，一年四季的不同以及时代的差异。着装应与时间、季节相吻合，与所处时代相适应。随着社会的发展，人们的着装观念变化，应顺应时代的潮流和节奏，与公众审美和环境相协调。

（2）Place（地点）原则：身处不同的地点，考虑所处的场所、自身的地位以及职业等因素，应有与之相适应的服饰打扮。

（3）Occasion（场合）原则：穿着要因地制宜。着装应考虑出现场合的目的、所需体现的主题、希望达到的目标及交往的对象等诸多因素，与当地当时的氛围相融洽、协调。因此，无论在什么场合，应比你的客户穿得稍考究、精致、时尚一点，即服饰与场合的融洽和谐度始终比客户略高一筹，更有利于树立自身良好的个人形象。

（二）和谐得体的原则

服饰可分为两大部分：服和饰，既要讲究服的协调，又要注重饰的和谐。

1.服装和谐得体

服装穿着首先体现在整洁、和谐、突出个性、顾及共性等方面。作为职场人士，在干净整洁的基础上，要注意顾及行业与工作岗位的共性。其次，服装穿着应符合身份。如果说白大褂是医生身份的象征，银行柜员的职业套装就是其专业稳重身份的象征。最后，服装穿着要注意扬长避短。

2.饰物和谐得体

饰物是指对服装起修饰作用的物品，体积小，具有点缀、美化整体形象的功能。饰物主要有首饰、围巾、丝巾、提包、手套、领带、鞋袜等。首饰主要是指耳环、项链、戒指、手镯、手链等。佩戴首饰应与脸型、服饰相协调。银行柜员佩戴首饰的种类不宜超过两种，且每种数量不多于两件，如耳环、手镯类单品。这既能防止因首饰过多分散他人注意力，又能规避给人以炫耀、张扬之感，确保不影响工作的专注度与效率。

女性银行柜员佩戴丝巾，常常会收到非常好的装饰效果。男性银行柜员的饰物不宜太多，一条领带或再加一枚领带夹即可。在某些特殊场合，西服配上口袋巾，以彰显品位。

拓展阅读 6-1

为什么小张最后面试失败了？

小张是某知名财经大学的应届毕业生，她身材高挑、相貌姣好。小张已通过了一家金融机构的初试、笔试，将参加最后一轮银行柜员岗位的面试。考虑到这是一家金融机构，较注重形象，为确保万无一失，小张做了精心的打扮：一身完全展现身材的前卫清凉装，时尚的手链，造型独特的戒指，新潮的项链、耳坠，身上每一处都是焦点，简直是鹤立鸡群。而她的对手只是一个相貌平平的女孩，学历也并不比她高，所以小张觉得自己胜券在握。结果却出乎意料，她并没有被这家金融机构录取。主考官抱歉地说："你确实很漂亮，你的服装配饰无不令我赏心悦目，可我觉得你并不适合干银行柜员这份工作。实在很抱歉。"

资料来源：王华. 金融服务与礼仪〔M〕. 北京：高等教育出版社，2022：22.

二、男性银行柜员服饰穿着的礼仪规范

男性银行柜员的服饰以西服、衬衫为主，应遵循以下礼仪规范。

（一）西服套装穿着的要求

西服，较常见的是两件套和三件套，统一的面料、色彩，是规范化的正式场合男装。穿着西服，对工作人员而言，体现着身份和所在企业的规范化程度。男性银行柜员穿着西服时，应了解衬衫、领带、鞋袜和公文包与之组合搭配的基本常识。

西服穿着应讲究"三个三"，即三色原则、三一定律、三大禁忌。

三色原则：穿西服时，包括上衣、下裤、衬衫、领带、鞋子、袜子、皮带在内，全身颜色应不超过三种。

三一定律：重要场合穿着西服套装时，皮鞋、皮带、公文包应同一颜色、同一质地，且首选黑色，强调细节。

三大禁忌：正式场合穿着西服套装时不能出现以下情况：第一，不拆袖口上的商标。第二，在非常重要的场合，穿夹克或短袖衫打领带。第三，正式场合穿着西服套装时穿白色、肉色袜子。

（二）西服套装穿着的要领

1. 西服穿着要领

西服的领子应紧贴衬衣并低于衬衣领子 1~1.5 厘米；西服的袖子以达到手腕为宜，不能太长，应比衬衣袖子短 1~1.5 厘米，以便于清洁，也体现了着装的层次感；衣长以垂下手时与虎口齐平为宜；胸围以穿一件羊毛衫松紧适宜为好。西服要平整洁净，西裤要烫出裤线。

有些制服西装有两件套、三件套之分，在正式场合应穿套装，内穿衬衣，系领带，衬衣下摆放入西裤内。衬衣以单色为宜，白色为首选。三件套的坎肩要贴身，在室内可将西服上衣脱掉。西服内一般天冷可穿一件鸡心领羊毛衫，但不能过于臃肿而破坏线条美。穿鸡心领的羊毛衫打领带时，应将领带放入羊毛衫内。

西服有单排扣和双排扣之分。双排扣西服一般要将扣子全部扣上；单排扣西服，三粒扣西服可只扣中间一粒，两粒扣西服只扣上面一粒或全部不扣。较正式的场合一般应全扣上或扣上面一粒，坐下时解开。

西服的衣兜功能也不可忽视。西服的外侧衣兜最好不要放物品，上面的衣兜宜放置口袋巾而不要插笔；西服的内兜是可以用来放物品的，但不要放体积过大的物品，最多只能放些轻薄的东西。

男性银行柜员的西服着装如图6-3所示。

图6-3　男性银行柜员的西服着装图示

2. 衬衫穿着要领

作为西服重要组成部分的衬衫，领口要保持平整，每次洗后都应熨平，衬衫的领型、领口不能太夸张；在工作场合，衬衫下摆一定要放在西裤里面，袖口必须扣上，不可卷起。系领带时衬衫的第一粒纽扣必须扣上；不系领带时，第一粒纽扣应打开。西服内穿衬衫系领带时，衬衫领部一定为闭合状态，大小应是合领后可插入一个手指为宜，否则会给人留下不正式的感觉。任何款式的内衣均不能替代衬衫穿在西服里；不能将高领内衣露出衬衫领口；保持衬衫整洁；在正式场合忌讳穿着短袖衬衫打领带。

3. 领带穿着要领

领带是西服的灵魂，其重要性仅次于一个人的面部。作为男性的经典正装配饰，领带成了精英男士衣橱里出现频率最高的饰物。领带的选择很重要，领带的风格也被称为"男人的第一张名片"，因此，在正式场合穿西服应打领带。

男性银行柜员应选择较正式的温莎结或半温莎结等领带结的打法，表现出严谨、缜密、有条理及可信任的感觉。打领带应注重细节，体现出男士的修养和风格。领带的长度应至皮带扣中间。穿坎肩时，领带不能露出坎肩下边缘。

☑ 小知识 6-2 ---

了解常用领带结的种类

（1）亚伯特王子结，此类结适用于浪漫扣领及尖领系列衬衫，搭配浪漫、质料柔软的细款领带。

（2）四手结，也称单结，是所有领结中最容易上手的，适用于各种款式的浪漫系列衬衫及领带。

（3）浪漫结，这是一种完美的结型，故适合用于各种浪漫系列的领口及衬衫，完成后将领结下方之宽边压以皱褶，可缩小其结型，窄边亦可将它往左右移动，使其小部分出现于宽边领带旁。

（4）温莎结，此种结型因其宽度较一般结型宽，适合使用在意大利式领口（八字领）的浪漫系列衬衫，也最适合与浪漫细致的丝质领带相互搭配。

（5）简式结，称马车夫结，适用于质料较厚的领带，适合搭配标准式及扣式领口的衬衫，是最常见的一种结型。

（6）十字结，也称半温莎结，此款结型十分优雅，打法亦较为简单，适合各种商务和社交场合。

----

4. 鞋袜穿着要领

男性银行柜员穿西服时，一定要配皮鞋，黑色或深色的皮鞋使用较多，也较为普遍。款式以传统的系带式或围盖式为宜，皮鞋须保持清洁光亮，并注意检查皮鞋是否变形，浅色和太复杂或装饰过多的皮鞋不宜穿着。袜子的颜色尽量以深色为主，接近西裤的颜色为最佳选择。不宜穿短袜、浅色的袜子配西服，应选棉、麻、毛类的薄型线袜，而尼龙丝袜和多图案、多颜色、宽条纹或夸张图案的花袜子以及白色的运动袜等都不宜配西服。

5. 其他服饰佩戴要领

男性银行柜员穿着西裤时，一定要配西式皮带，颜色以黑色为主，与皮鞋及手包的质地和颜色一致；皮带扣以简洁、金属色为首选。皮包要求简单、大方。如经济条件允许，适当选择造型简单、没有过多装饰的品牌手表佩戴。首饰则要减到最少，婚戒是男性银行柜员唯一可佩戴的，且戒指以银白金属色和钻饰为佳。在穿着西服时，其他饰物一律不要出现。

作为男性银行柜员制服的职业着装及礼仪服装虽样式不多，但值得注意的地方很多。男性银行柜员应掌握穿着的礼仪规范，避免尴尬，从而塑造出稳重大方、整体协调、简单明快的形象。

三、女性银行柜员服饰穿着的礼仪规范

在塑造女性银行柜员的形象方面，套裙起着至关重要的作用。在金融行业中，女性制服几乎均以职业套装示人。套装分为裙装和裤装，裤装的隆重程度一般不如裙装。因此，在一般正式场合和较重要的社交场合，职业女性应该穿着裙装。

（一）女性银行柜员套装穿着的要求

1. "四不准"

用色不准过分杂乱，全身颜色不多于三种；颜色不准过分鲜艳；尺寸不准过分短

小紧身；厚薄不准过分透视，重要场合注意内衣不能透过外衣被看到。

2."六不露"

正式场合不准过分暴露，即不暴露胸部、不暴露肩部、不暴露腰部、不暴露背部、不暴露脚趾、不暴露脚跟。因为身体暴露的部位过多，不光有失自己的身份，也失敬于他人，使他人多有不便。

（二）女性银行柜员套装穿着的要领

女性银行柜员职业套装一般有两种款式，即裙装与裤装，裙装比裤装更为正式与隆重，适合一般正式场合和较重要的社交场合。

1.女性银行柜员套裙穿着的要领

步骤一：选择合适得体的套裙。

套裙，是西装套裙的简称，其上身为一件女式西装，下身是一条半截式的裙子。

一般女性银行柜员穿着的套裙，大致可分为两种基本类型：一种是用女式西装上衣同一条长及膝盖的裙子所进行的自由搭配与组合；另一种是女式西装上衣与穿着的裙子为成套设计、制作而成的成套型或标准型套裙。

女性银行柜员在选择套裙时需要兼顾以下七个方面：

（1）面料应选择纯天然、质地上乘的纯毛、毛麻等面料。

（2）色彩以冷色调为主，如中灰色、藏青色等，给人以沉稳、干练的感觉。

（3）图案应朴素而简洁，一般以隐格、窄条纹为宜。

（4）点缀应少而精，不宜添加过多的装饰。

（5）尺寸的长短与宽窄，在选择套裙时应特别注意，女性银行柜员职业套装的裙子长度以在膝盖上下为宜，上下长度偏差不要超过15厘米，衣长最短的限度为在手臂高举时不能露出裙腰，套装上衣和裙子的大小以合体为宜。

（6）版型上，整体造型以 H 型为最正式。

（7）套裙的款式变化，主要体现在领型、纽扣和裙型上，并无严格的规定，也没有男士西装那样多的规矩，但一些细节还是必须要注意的。

女性银行柜员套裙穿着如图6-4所示。

图6-4 女性银行柜员套裙穿着图示

2.鞋袜穿着要领

皮鞋和丝袜是女性银行柜员套装的最佳搭配。在重要场合，穿套装、套裙时要穿制式皮鞋，即黑色高跟、半高跟船形皮鞋，黑色或咖啡色皮鞋是职业套装的最佳搭配，要求亮而无污。在工作场合，鞋跟不能太高，也不能太细。在正式场合，不能穿凉鞋或露趾鞋，如穿裙装应内穿肉色长筒袜或连裤袜；不宜穿短袜和有破损的袜子；穿着裙装时不能不穿袜子和当众整理袜子，切记与套裙搭配时不宜穿着厚袜子和有图案花型的袜子。

作为女性银行柜员，着装应遵循职业化、女性化、以职位标准选择服装的基本原则，讲究整洁平整，色彩搭配适宜，选择与服装相宜的饰品，发挥穿衣这一"形象工程"的效果，塑造简约、素雅、端庄的职业女性形象，这也有利于自身的发展。

3.其他饰物佩戴要领

女性银行柜员饰物佩戴遵循以少为佳、搭配协调的原则。在工作环境中，身上佩戴的饰物越少越好，还要兼顾色彩和款式的协调。

☑ 小知识 6-3 --

常用首饰佩戴的习俗

1.戒指

戒指是首饰中最明确的爱情信物，成为世界各国男女的一种装饰品。它之所以能为世人特别是为广大女性所喜爱，是因为它象征着友谊、爱情和幸福。同时，戒指的佩戴是一种无声的语言，暗示佩戴者的婚姻和择偶情况。例如，把戒指戴在食指上，表示未婚或求婚；戴在中指上，表示已有意中人，正处在恋爱之中；戴在无名指上，表示已订婚或已结婚；戴在小指上，则暗示自己是一位独身者。人们把结婚戒指戴在左手的无名指上，是因为古罗马人的传说，即左手无名指上有一条静脉血管直通心脏，把结婚戒指戴在左手的无名指上就可以获得真挚、永恒的爱情。许多国家的男女结婚举行婚礼时，新郎新娘互赠戒指几乎成为一项不可缺少的仪式。

2.耳环和项链

耳环、项链也是女性的主要饰品，是平安、富贵的象征，佩戴时应与自己的年龄、体型及服装相协调和呼应，要注意选择适当的款式和色彩。一般耳环与项链的款式和颜色的选择应遵循与脸型、颈型、肤色"反其道而行之"的原则，并兼顾质地，还应与年龄、身份和所穿着的服装相协调。

实践训练

一、实训内容

两个学生一组，互相评价对方的服饰是否符合银行柜员的职业要求。

二、实训目标

通过实践活动，使学生了解银行柜员服饰礼仪规范。

三、实训考核

根据小组交流、互评情况给予评分。

任务三　银行柜员仪态礼仪

任务导入

仪态是指人的姿势、举止和动作，即人们在社会中坐、立、行的姿势，以及表情和肢体动作。仪态有多方面的内容，比如人们最熟悉的"站如松，坐如钟，行如风"。希望同学们能通过本任务的学习，掌握银行柜员仪态礼仪规范，并能在业务实践中具体运用。

知识要点

一、仪态的定义

仪态是指人在行为中的姿势和风度。姿势是人的身体所呈现的样子，风度则是人的气质的外部表现。这些外部表现就是个人在品质、知识、能力等方面的真实流露。简言之，仪态是人们在交往活动中所表现出来的各种姿态，有时候也称为举止、姿态，它包括站姿、走姿和坐姿等。仪态礼仪就是在日常工作、生活中，个人的行为举止应当遵守的原则和规范。

二、银行柜员站姿的礼仪规范

在中华民族的礼仪要求中，"站有站相""站如松"是对一个人礼仪修养的基本要求。

（一）标准站姿

标准站姿应是端正、庄重且具有稳定性的。站立时，从正面看，应以鼻为点向地面做垂直线，人体在垂直线两侧对称，表情自然明朗。

具体要求：全身笔直，精神饱满，两眼平视前方（而不是斜视），面带微笑，两肩平齐，两臂自然下垂，两脚跟并拢，两脚尖张开45°～60°，呈V字形，身体重心落于两腿正中。从侧面看，两眼平视，下颌微收，挺胸收腹，腰背挺直，中指贴裤缝，整个身体庄重挺拔。

（二）几种变化站姿

银行柜员在工作场合还可以根据自身条件选择以下站姿：

1. 服务式站姿

挺胸直立，平视前方，双腿适度并拢，双手在腹前交叉，男士左手握住右手腕部，女士右手握住左手的手指部分，双腿均匀用力，如图6-5所示。

图6-5 银行柜员服务式站姿

2. 双手背后式站姿

挺胸收腹，两手在身后交叉，右手搭在左手腕部，两手心向上收。此站姿多适用于男士，如图6-6所示。

图6-6 男性银行柜员双手背后式站姿

作为银行柜员，由于男女性别的差异，站姿的美也有一定的差异性，主要表现在其手位与脚位有时会存在一些不同。

（三）银行柜员应避免的不良站姿

不良的站姿，也就是银行柜员在工作岗位上不应当出现的站立姿势。它们或不雅，或缺乏敬人之意，银行柜员若是任其自然，不加以克服，往往会无意中使本人形象和组织形象受损，使交流受阻、服务质量下降。不良站姿大致有如下八种：

1.身躯歪斜

银行柜员在站立时，若是身躯出现明显的歪斜，如头偏、肩斜、身歪、腿曲，不但会看上去东倒西歪，而且会令人觉得该员工颓废消沉、萎靡不振、自由放纵。

2.弯腰驼背

这种站姿除了腰部弯曲、背部弓起之外，大都还会同时伴有颈部弯缩、胸部凹陷、腹部挺出、臀部撅起等一些其他的不良体态。这样的站姿会显得一个人缺乏锻炼、健康不佳、无精打采，往往对个人形象的损害会更大。

3.趴伏倚靠

在工作岗位上，在站立时，随随便便趴在一个地方，伏在某处左顾右盼，倚着墙壁、货架而立，靠在桌柜边上，前趴或者后靠，都是不被许可的站姿。

4.双腿大开

不管是采取规范的站姿，还是采取变化的站姿，银行柜员均应切记：自己双腿在站立时分开的幅度不宜太大，尤其是女性员工在穿着裙装服务时，双腿应尽量并拢，否则有不雅之感。而男士即使是将其双腿分开，通常也要注意双腿分开距离不宽于本人的双肩宽度，使自己的站姿富有美感。

5.脚位置不当

银行柜员在工作岗位上站立时，在正常情况下，双脚呈现出 V 字式、丁字式、平行式等脚位，通常都是允许的，内八字式、蹬踏式等脚位则是不允许的。

6.手位置不当

在站立时，银行柜员的手位如果不当，同样也会破坏站姿的整体效果。站立时不当的手位主要有：一是将手放在衣服的口袋内；二是将双手抱在胸前；三是将双手抱在脑后；四是将双肘支于某处；五是将两手托住下巴；六是手持私人物品。

7.半坐半立

在工作岗位上，银行柜员必须严守岗位规范，该站就站，该坐就坐，绝对不允许在需要站立时，为了贪图安逸而擅自采取半坐半立之姿。

8.浑身乱动

在站立时，是允许略作体位变动的，但不宜在站立时频繁地变动体位，甚至浑身上下乱动不止。手臂挥来挥去，身躯扭来扭去，腿脚抖来抖去，都会使一个人的站姿变得十分难看而有失稳重。

☑ **小知识 6-4** --

矫正不良站姿的途径与方法

仪态是人们在成长过程和生活环境中长期形成的，具有习惯性的特点，而且一旦形成就很难改变，重视培养良好的习惯非常重要。而仪态的基础是站姿，良好的站姿可以使自己的仪态举止更为优雅。

通过科学、积极和循序渐进的方式加强良好仪态的方法有：

（1）采用靠墙站立练习或两人一组练习方式，进行站立动作的持久性和稳定性练习。

① 靠墙站立练习要求：脚跟、小腿、臀部、双肩、后脑勺都紧贴墙，每次坚持15～20分钟，练习站立动作的持久性和稳定性。

② 两人一组练习要求：背靠背，双方的臀部、肩背、后脑勺为接触点，每次坚持15～20分钟，练习站立动作的持久性和稳定性。

（2）面对训练镜的练习是站姿的综合性训练，要求在正确的站姿基础上，结合脸部表情练习（重点是微笑），通过训练镜完善整体站姿的形象。在练习过程中，要注意肌肉张弛的协调性，强调动作挺胸立腰，呼吸自然均衡，面带微笑，同时注意站立时要以标准的站姿的形体感觉为基础，进行整体规范动作训练。

三、银行柜员坐姿的礼仪规范

坐姿是金融服务工作中最重要的姿势。良好的坐姿给人以优雅、庄重的印象。

（一）标准坐姿

坐姿是可以变化的，但原则是要端坐，腰直立，头、上体与四肢协调配合，这样各种坐姿都会是优美自然的。男女因性别的不同，坐姿也是有所区别的。在正式场合，男士应保持"坐如钟"的姿势，给人一种四平八稳的感觉；女士的坐姿要端庄优美，就座时要缓而轻，如清风徐来，给人以美感，如图6-7所示。

图6-7　银行柜员标准坐姿

女性坐姿的基本要求：两膝并拢，小腿垂直于地面，两脚并拢。如女性着裙装，在就座前从后面抚顺一下再坐下。

男性坐姿的基本要求：双腿之间可适度留有间隙，双腿自然弯曲，两脚平落地面，不宜前伸。在日常交往场合，男性可以跷腿，但不可跷得过高或抖动。

坐姿还包括入座、离座等过程。

1.银行柜员入座的要求

入座，又叫就座。银行柜员在入座时的基本要求有：

（1）在他人之后入座。出于礼貌，在他人之后入座，或与对方同时入座，如果对方是自己的客户，一定要先请对方入座，切勿抢先入座。

（2）在适当之处就座。在大庭广众之处就座时，一定要坐在椅、凳等常规的位置，要是坐在桌子上、窗台上、地板上，往往是失礼的。

（3）在合"礼"之处就座。与他人同时就座时，应当注意座位的尊卑，并且主动将上座让于他人。

（4）从座位左侧就座。若条件允许，在就座时最好从座椅的左侧入座。这样做是一种礼貌，而且易于就座。

（5）向周围人致意。在就座时，若附近坐着熟人，应主动跟对方打招呼。若身边的人不认识，亦应向其先点点头。在公共场合，要想坐在别人身旁，还须先征得对方首肯。

（6）悄无声息地就座。就座时，要减慢速度，放松动作，尽量不要坐得座椅乱响、噪音扰人。

（7）以背部接近座椅。在他人面前就座，最好背对着自己的座椅，这样就不至于背对着对方。得体的做法是：先侧身走近座椅，背对其站立，右腿后退一点，以小腿确认一下座椅的位置，然后随势坐下。必要时，可以一只手扶座椅的把手。

（8）坐下后调整体位。为使自己坐得舒适，可在坐下之后调整一下体位或整理一下衣服，但是这一动作不可与就座同时进行。

2.银行柜员离座的要求

（1）先有表示。离开座椅时，身旁如有人在座，须以语言或动作向其先示意，随后方可站起身来。如果突然一下站起来，有时会令人受到惊扰。

（2）注意先后。与他人同时离座，须注意起身的先后次序。地位低于对方时，应稍后离座。地位高于对方时，则可首先离座。双方身份相似时，才可以同时起身离座。

（3）起身缓慢。起身离座时，最好动作轻缓、无声无息，尤其要避免"拖泥带水"、弄响座椅，或将椅垫、椅罩弄得掉在地上。

（4）站好再走。离开座椅后，先要采用基本的站姿，站定之后，方可离去。要是起身便跑，或是离座与走开同时进行，则会显得过于匆忙。

（5）从左侧离开。若条件允许，起身离座后，宜从左侧离去。与左入一样，左出也是一种礼节。

（二）常见的几种变化坐姿及要领

1.大腿叠放式

这是常用的一种坐姿，但需注意的是女性银行柜员着短裙不宜采用这种姿势。

要领：两条腿在大腿部分叠放在一起，位于下方的一条腿垂直于地面，脚掌着地，位于上方的另一条腿的小腿适当向内收，同时脚尖向下。

2.双腿斜放式

此坐姿适用于女性银行柜员。

要领：双腿完全并拢，然后双脚向左或向右斜放，斜放后的腿部与地面约呈45°夹角。

3.前伸后屈式

这也是男女均可采用的一种坐姿。

要领：双腿适度并拢，一腿向前伸出，另一腿向后收，两脚脚掌着地。

4.双脚交叉式

这也是常用的一种坐姿。

要领：双脚在踝部交叉。交叉后的双脚可以内收，也可以斜放，但不宜向前方直伸出去。

5.双腿叠放式

此坐姿一般适用于女性。女性着裙装时采用这种坐姿较为优雅。

要领：双腿一上一下交叠在一起，两腿之间没有间隙，双腿可斜放于左侧或右侧，腿部与地面约呈45°夹角，叠放在上面的脚尖垂向地面。

银行柜员掌握坐姿所传递出的不同信息，有助于控制自己的不良举止和了解服务对象的心理状态。

（三）银行柜员应避免的不良坐姿

就座时，一定要遵守律己敬人的基本规定，应避免以下几种不良坐姿。

1.双腿叉开过大

面对客户时，双腿如果叉开过大，不论是大腿叉开还是小腿叉开，都极其不雅。

2.架腿方式欠妥

坐下后，将一条小腿架在另一条大腿上，两者之间还留出大大的空隙，成为所谓的"架二郎腿"，就显得有些过于放肆了。

3.双腿直伸出去

坐下后，不宜将双腿直挺挺地伸向前方。那样做不仅可能有碍于人，而且有碍观瞻。身前若有桌子，双腿尽量不要伸到外面来。

4.将腿放在桌椅上

银行柜员在工作岗位上要是这样做了，会给人留下极为不佳的印象。把一条腿或双腿盘在本人所坐的座椅上，亦为不当的坐姿。

5.腿部抖动、摇晃

坐在别人面前，反反复复地抖动或摇晃自己的腿部，不仅会令他人心烦意乱，而且会给人极不安稳的印象。

6.将手夹在腿间

有的人坐下来之后，会将双手夹在两腿之间，这一动作会令其显得胆怯或害羞。

☑ 小知识6-5 --

优雅坐姿的训练与注意事项

1.背对训练镜，练习入座前的动作

入座时，走到座位前面再转身，转身后右脚向后退半步，然后轻稳地落座。动作要求轻盈舒缓，从容自如。

2.面对训练镜，练习入座前的动作

以站在座位的左侧为例，先左脚向前，迈出一步，右脚跟上并向右侧一步到座位前，左腿并右腿，接着右脚向后退半步，轻稳落座；入座后右腿并左腿成端坐，双手虎口处交叉，右手在上，轻放在一侧的大腿上。

3.练习入座后的端坐姿势

要求在保持正确坐姿的基础上，配合面部表情，练习坐姿的直立感、稳定性等综合表现。

4.腿部的造型训练

在上身姿势正确的基础上，练习腿部的造型，强调女性双膝不能分开，可以用一张小纸片夹在双膝间，做到起坐时不掉下。男士练习两腿开合动作；女士练习平行步、丁字步、小叠步的动作。要求动作变换轻、快、稳，给人以端庄大方、舒适自然之感。

5.离座动作训练

离座起立时，右腿先向后退半步，然后上体直立站起，收右腿，从左侧还原到入座前的位置。

四、银行柜员走姿的礼仪规范

行走是人们生活中的主要动作之一。走姿体现的是一种动态的美。一般对走姿的要求是"行如风"，即走起路来像风一样轻盈，行走动作连贯，从容稳健。生活中正确地使用标准走姿，是给人留下美好印象的关键之一。

（一）标准走姿

上身基本保持站立的标准姿势，挺胸收腹，腰背笔直，面带微笑，双臂以肩关节为轴，前后自然摆动，前摆略大于后摆，肘关节略弯曲，手掌朝向体内，手指自然弯曲，起步时身子稍向前倾，重心落于前脚掌，膝盖伸直，脚尖向正前方伸出。女士行走时线迹要成为一条线，男士行走时线迹要成为两条平行线。此外，还要注意步幅、步高、步速。

（1）步幅一般是指前脚跟与后脚尖之间的距离，一般约为一个脚长，个人因性别不同和身高不同会有一定差异。男士穿西装时，走路的步幅可略大些，以体现出挺拔、优雅的风度；女士着套裙、旗袍和中高跟鞋时，步幅宜小些，以免显得不雅。

（2）步高是指行走时脚抬起的高度。步高不宜过高，也不宜过低。

（3）步速即行走速度，男士一般为110步/分钟左右，女士为120步/分钟左右。如遇急事，可加快步速。

行走中的姿态，男士应显出阳刚之美，在工作场合给人以充满自信感及镇定自如的气度；女士要显示出阴柔之美，保持步态轻盈的同时，注意体现稳健、自然、大方。

（二）不同场合的走姿

作为金融行业工作人员，在掌握标准走姿的基础上，还须掌握陪同引导、上下楼梯、进出电梯、变向行走、出入房门、搀扶帮助等不同场合的变化走姿。以下详细介绍前四种场合的走姿。

1.陪同引导

陪同，指的是陪伴着别人一同行进。引导，则是指在行进之中带领别人，有时又叫作引领、引路或带路。当银行柜员在工作岗位上服务客户时，经常有陪同或引导客户的机会，陪同、引导客户时，通常应注意四点：

（1）自己所处方位。若双方并排行进时，银行柜员应居于左侧；若双方前后行进时，银行柜员应居于左前方约一米的位置。当客户不熟悉行进方向时，一般不应请其先行，同时也不应让其走在外侧。

（2）协调的行进速度。在陪同引导客人时，行进的速度须与对方相协调，切勿我行我素，走得太快或太慢。

（3）及时地关照、提醒。陪同引导客户时，一定要处处以对方为重，每当经过拐角、楼梯或道路坎坷、照明欠佳之处时，须关照、提醒对方留意，绝不可以不吭一声，让对方茫然无知或不知所措而有不便。

（4）采用正确的体位。陪同、引导客人时，有必要采取一些特殊的体位。请对方开始行进时，应面向对方，稍许欠身；在行进中与对方交谈或答复其提问时，应以头部、上身转向对方。

2.上下楼梯

上下比较高的楼梯时，银行柜员应当遵守有关规定，特别注意以下三点：

（1）要减少在楼梯上的停留时间。楼梯是人来人往之处，所以不要停在楼梯上休息、站在楼梯上与人交谈或是在楼梯上慢慢悠悠地行进。

（2）要坚持"右上右下"原则。上下楼梯时，均不准并排行走，而应当自右侧上及自右侧下。这样一来，有急事的人，便可得以快速通过。

（3）要注意礼让客户。上下楼梯时，千万不要同服务对象抢行，出于礼貌，可请对方先行。当陪同、引导客人时，上下楼梯时则应自己先行。

3.进出电梯

金融企业大多数设在高楼大厦里，员工就免不了经常使用电梯。在使用电梯时，应注意两个问题：

（1）要使用专用的电梯。假如本单位有条件并做出了此种规定，一定要自觉地遵守。有可能的话，银行柜员不要与服务对象混用同一部电梯。

（2）要牢记"先出后进"。乘电梯时一般的规矩是：里面的人出来之后，外面的人方可进去。如果不守此规，出入电梯的人一旦过多，就会出现混乱的场面。

4.变向行走

在行进中，人们经常有必要变换自己的行进方向。所谓变向行走，指的就是在行进之中变换自己的方向。银行柜员所采用的变向行走，主要包括除常规前行之外的后退、侧行、前行转身、后退转身等。

（1）后退。扭头就走是失礼的，可采用先面向交往对象后退几步，方才转体离去的做法。通常面向他人后退宜至少退两三步。后退时步幅宜小，脚宜轻擦地面。转体时，应身先头后。若先转头或头与身同时转向，均为不妥。

（2）侧行。在行进时，有两种情况需要侧身而行：一是与同行者交谈或引导来宾之时。具体做法是，上身宜转向交谈对象，距对方较远一侧的肩部朝前，距对方较近一侧的肩部稍后，身体与对方身体之间保持一定的距离。二是与他人狭路相逢时。此刻宜两肩一前一后，胸部转向对方，而不应背向对方，以示礼貌。

（3）前行转身，即在向前行进之中转身而行。它分为两种：一是前行右转。在前行中向右转身，应以左脚掌为轴心，左右脚落地时，向右转体90°，同时迈出右脚。二是前行左转。与前行右转相反，在前行中向左转身，应以右脚掌为轴心，左右脚落地时，向左转体90°，同时迈出左脚。

（4）后退转身，即在后退之中转身而行。它分为三种：一是后退右转。先退行几步后，以左脚掌为轴心，向右转体90°，同时向右迈出右脚。二是后退左转。先退几步后，以右脚掌为轴心，向左转体90°，同时向左迈出左脚。三是后退后转。先退几步，以左脚为轴心，向右转体180°，然后迈出右脚；或是以右脚掌为轴心，向左转体180°，然后迈出左脚。

拓展阅读 6-2

职业仪态展示职业素质

林洁是一家上市公司的财务经理，一天中午她去了单位附近一家商业银行办理个人转账汇款业务。

可能由于是午休时间，银行只开了两个对私业务的窗口，暂时没有顾客办理业务。林洁看了一下，1号窗口是位女性员工，她正偷偷地对着镜子擦拭着自己的嘴，估计是刚吃过午饭。林洁不好意思上前打扰。来到2号窗口，她看到一位男性员工正叉着腿靠在工作椅上左右旋转，同时还不时扭动着脖子，貌似在做颈部运动。林洁过去说了句："您好，我想办理转账汇款业务。"那位男性员工停止了转动，头也没抬，只是把手一伸说："身份证、银行卡。"林洁拿出了自己的身份证和银行卡。整个过程中，林洁注意到，这位男性员工几乎没有抬头看过她一眼。匆匆办理完手续后，林洁想：难怪最近部门里的出纳从银行回来之后总是满嘴的抱怨，以后公司的各项资金业务还是少在这里办理吧。每天看着这样的柜员，心情也不会好啊。

资料来源：王华. 金融服务与礼仪［M］. 北京：高等教育出版社，2022：58.

任务四　银行柜员语言礼仪

任务导入

银行柜员需要经常与客户沟通。通过本任务的学习，希望同学们能够熟悉银行柜员语言礼仪的原则和规范，掌握与客户沟通、提高服务质量的技巧，会用正确的方式处理顾客抱怨和投诉，并能在业务实践中具体运用。

知识要点

一、银行柜台语言礼仪的原则和规范

（一）语言礼仪的原则

银行柜员与顾客沟通应以对方为中心，先了解其情况，以便下一步有针对性地为顾客解决问题。美国学者布吉林教授等人提出的"3A法则"是国际交往礼仪的一个基本原则，其基本含义是：沟通能否成功，就看有没有向沟通对象表达出自己尊重、友善、重视之意，即接受对方、重视对方、赞美对方。由于在英文里，"接受"（accept）"重视"（appreciate）"赞美"（admire）这3个词汇都以"a"字母打头，所以它们又被称作"3A法则"。

（1）接受对方。在人际交往中，最不受欢迎的人是以自己为中心的人。人与人之间因为受教育的程度不同、生活的环境不同、性别与年龄不同、人生阅历不同等，导致对待同一件事的观点不同，这是很正常的现象。因此，在服务顾客的过程中，首先要做到宽以待人，接受顾客，尤其不能拿自己的经验去衡量顾客的行为。

（2）重视对方。这要求认真对待顾客并能主动关心顾客。例如，对顾客应做到有求必应、有问必答，对于常客要牢记其姓名。

（3）赞美对方。这要求服务人员以欣赏的态度肯定顾客，恰到好处地赞美顾客。被别人赞美是每个正常人的心理需要。但赞美别人也要实事求是、恰如其分、适可而止，注意不要弄巧成拙。

（二）语言礼仪规范

语言表达是人与人之间沟通的主要方式。说话是一门学问，更是一门艺术。说话要恰到好处，和顾客交流时，既要不卑不亢，又要表达出热情、真诚的服务态度，让顾客产生宾至如归的感觉，从而加深顾客对银行的信任。如果关键之处说错一句话，就可能弄巧成拙。

动画6-1

银行柜员
服务理念

拓展阅读6-3

弄巧成拙的请客

有个人请客，四位朋友中的三位准时到达。只剩下一人迟迟没有来。主人有些着急，不禁脱口而出："该来的怎么还没来呢？"其中有一人听了之后很不高兴，对主人说："你说该来的还没来，意思是我们是不该来的！"说完，就气冲冲地走了。主人急得又冒出一句："真是，不该走的却走了。"剩下的两人，其中有一人生气地说："照你这么讲，该走的是我们啦！"说完也走了。主人急得不知所措。最后剩下的这一位朋友交情较深，就劝说："你说话应该注意一下。"主人很无奈地说："他们全都误会我了，我根本不是说他们。"最后这位朋友听了，脸色大变道："什么？你不是说他们，那就是说我啦！"说完，铁青着脸走了。

资料来源：雷玉华，余滢. 银行柜员基本技能［M］. 3版. 北京：人民邮电出版社，2020：152.

1.银行柜员服务用语基本要求

（1）工作时间均应使用文明用语和普通话。

（2）自觉使用"请""您好""谢谢""对不起""再见"十字文明用语，做到"请"字当头、"您"字跟上，未达到对方满意时应说"对不起"。

（3）坚持"三声服务"，即来有迎声、问有答声、走有送声。

（4）在工作岗位服务中，语言要清楚，语调要适中，语气要平和，非特殊原因不说方言和土语。

（5）服务窗口应有懂手语、特殊方言的柜员。涉外窗口的柜员应基本会用外语交流。

2.银行柜员服务文明用语

（1）打招呼服务用语："您好""早上好""下午好""欢迎光临""请问您办理什么业务""请问您需要什么帮助"。

（2）引导人员服务用语："请您到窗口办理业务""请您填写凭证""请您坐在沙发上稍等，好吗""对不起，请您在一米线外等候，谢谢"。

（3）在业务办理过程中，需要和其他人交换意见或向有关部门查询、请示时使用的服务用语："对不起，请稍等""请稍等，我马上帮您查一下""对不起，我需要请示一下，请稍等"。

（4）客户等待时间较长时的服务用语："对不起，让您久等了""真抱歉，让您等了这么久"。

（5）需要客户配合时的服务用语："请您出示一下证件，谢谢""请您签名，谢谢""这是您的证件，请您核对收好，谢谢""请您在这里签名，谢谢"。

（6）业务办理完毕服务用语："再见""欢迎再来""请慢走""很高兴为您服务"。

3.银行柜员服务禁语

凡语气生硬、不耐烦或具有讽刺、挖苦、搪塞、埋怨、刁难等意味的语言均属于服务禁语。

（1）未到营业时间，客户进入营业室时的禁语："还没上班，出去等着""等一会儿，有事上班再说"。

（2）客户进行业务咨询时的禁语："不知道""不清楚""这些业务不适合您，您不用了解""我已经给您讲过了，您怎么还不明白""自己看""电脑坏了，今天不办业务""这不是我的事，你还是找别人吧"。

（3）处理业务时的禁语："急什么""等一会儿""不行，这是规定""不是跟你说了吗""写错了，重填""这么简单都不懂，真笨"。

（4）受到批评时的禁语："这不是我的责任，有意见找领导去""我的态度就是这样，怎么啦""你去告吧，告到哪儿都不怕""有意见写到意见簿上去"。

（5）临近下班时的禁语："不要进来了，已经下班了，明天再来吧""已经开始结账了，不办业务了"。

（6）禁止直接使用否定语言，如服务中确需使用否定语言，必须对客户说"对不起""很抱歉"，求得客户谅解。

二、银行柜员电话礼仪

随着现代服务业的信息化发展，银行柜员与顾客的交流很大部分是通过电话进行的。要想把带着微笑的声音传递给顾客，就必须掌握使用电话的礼仪和规范。

1. 接听电话

当来电时，接听要迅速，必须在响铃3声内接起，并主动自报："您好，×××"，同时报出你所在的银行及部门。电话交谈时态度应谦和、礼貌，声音清晰，简明扼要，内容表述能使对方清楚明了。通话完毕应主动致谢："谢谢，再见。"一般情况下由对方先挂线，挂线时听筒要轻放。交谈时间一般控制在3~5分钟为宜，并注意控制语速语调。银行柜员不得当着客户面拨打、接听手机和发短信。

2. 致电客户

电话接通后，先自报家门："您好，我是×××"，再表明致电来意。电话交谈时态度应谦和、礼貌，声音清晰，长话短说，内容表述使对方清楚明了。通话完毕应主动致谢："谢谢，再见。"一般情况下由对方先挂线；如果是己方先挂线，应先用手轻按挂断电话，然后放下话筒。

3. 转接、代接电话

转接他人的电话时，不要大声呼叫，应提示对方"请稍等"。他人正在处理事务不能接听电话时，应及时替受话人代接，答复对方暂时不能接听，请对方稍后打来或留下姓名及联系电话，并回答对方"稍后回复您"。如受话人不在，先礼貌作答再向对方表达给予帮助的意向，如"对不起，他不在，需要我帮忙吗"。如对方拒绝，可以请对方留下名字及联系电话或请对方稍后打来。如果需要将电话转接到别的部门，应告知对方："真对不起，这件事是由××部门负责的，如果您愿意，我帮您转过去好吗？"

三、顾客抱怨、投诉处理步骤与基本语言规范

在银行柜员对顾客进行服务的过程中，双方意见不合是正常现象。如果处理得不好，轻则导致激烈的争论，重则形成难以调和的对抗。不论哪种结果，受损的是银行的企业形象。美国前总统威尔逊曾说："如果你握紧一只拳头来见我，哦，很抱歉，我会握紧两只拳头迎接你。但你若是对我说，让我们坐下来谈谈，看看意见分歧的原因在哪里，我们就会发现彼此的分歧并不大，倒是看法一致的地方更多一些；也会发觉只要我们有彼此沟通的愿望、诚心和耐心，我们就会沟通。"那么，银行柜员面对顾客抱怨和投诉时该如何处理呢？

1. 处理步骤

（1）倾听。卡耐基曾经说过这样一句话："喜欢挑剔的人，甚至是最激烈的批评者，常会在一个有忍耐和同情心的静听者面前，态度变得软起来。"掌握倾听的能力须从几个方面入手。首先，银行柜员应立即将客户请到会客室，然后表现出诚意，用心去听，特别要用身体语言去"听"，如正视对方、身体前倾等肢体动作的配合；其次，要有耐心，如不随便打断别人讲话、包容对方观点等。

（2）理解，就是要适时表达出理解对方的观点。抱怨者都希望自己的想法能够得

到对方的理解和肯定，或者希望对方认可自己的观点和做法。因此，柜员要尽量表示理解对方的观点，不回避事实，鼓励谈话者继续下去，以期取得顾客的信任；不能总说类似"这是行里的规定""你肯定弄错了"的话刺激顾客；对客户的遭遇和不便适时地表示歉意和同情，以缓和客户情绪，避免事态扩大。

（3）分析。在充分倾听的基础上，柜员要迅速分析顾客产生抱怨或投诉的原因，从而找到应对的解决依据和方法。虽然顾客投诉和异议产生的根源多种多样，但主要还是来自主观和客观两个方面。主观原因是顾客自己的原因，包括顾客的偏见和习惯、心态不正等，在这种情况下，多用马斯洛需求层次理论对顾客心理及需求进行深层次分析；客观原因有柜员没有做到礼貌待客，对顾客不能一视同仁、以貌取人，对工作不熟悉、动作缓慢、浪费了顾客时间等。

（4）处理。在完全理解和尊重顾客意见以及分析的基础上，适时提出自己的看法和解决办法。首先，要感谢顾客提出的意见和建议，并表达出将进一步改进和改善工作的诚意，使顾客再一次得到尊重；其次，要以积极的态度，提出尽可能专业的解决办法或分散顾客的关注点，但不可随意允诺客户提出的要求，以免其再次抱怨。

在处理抱怨和投诉时要注意技巧。例如，先处理感情，再处理事情；不能实现物质满足，要对顾客实现精神满足；运用"三明治"法则，所谓"三明治"法则，就是尽量设身处地为对方着想，让顾客感觉到自己重要，在赞美中解决问题；不要因害怕投诉而慌张应对，也不要对客户表现得过于无所谓。当自己已经尽力但仍无法解决问题时，一定要向主管说明情况，请其配合解决问题，而不要将问题隐瞒，或试图通过"私了"的方法解决。

2.基本语言规范

（1）服务文明用语。

①××先生/小姐/女士，不好意思，因为这方面的问题不是我的专业范围，现在还不能给您明确的回答。您能留下联系电话吗？我确认后尽快给您回电/我会请我的同事尽快跟您联系。

② 不好意思，这个问题我还要确认一下，确认后我会尽快给您回复，再打这个电话跟您联系好吗？

③ ××先生/小姐/女士，我们还是非常希望您能成为我行的客户。

④ 感谢您的宝贵意见和建议，我们会马上反馈给分行。

⑤ 对不起，这项业务政策规定很明确，恐怕难以办理，请您谅解。

（2）服务禁语。

① 找主管也没有用的/找主管也是一样的。

② 我就这样，你投诉去吧。

③ 别的银行好，你还来这儿干什么？

④ 这不是我们的责任，你应该去找××。

⑤ 这个是我们银行的规定，必须照办。

拓展阅读 6-4

请不要在客户面前批评自己的银行

某日，雷先生到银行取款机上取 1 000 元钱。正操作时，手机响了，雷先生见吐了卡，赶忙取出卡，转身离开取款机去接电话。等电话打完后，他再次取款时，发现与他熟悉的开户行的取款机的操作略有不同，这台取款机是先吐卡，后出钞，而且他的卡上已经少了 1 000 元。他赶紧询问这家银行的员工。

场景一

雷先生："我没取到钱，可卡上少了 1 000 元，是不是这台机器有毛病啊？"

银行员工："你是怎么操作的？取了卡有没有等一下再离开吗？"

雷先生："吐卡时，没出钱啊，我就接了一个电话。"

银行员工："可能被后面取款的人拿走了。我们这台机器有时反应慢，特别是业务高峰时期。告诉你吧，我们行的系统早就落后了，该换代了。这台老爷机早该报废了。唉！我们行有毛病的地方多着呢。"

雷先生："我的 1 000 元怎么办？"

银行员工："谁叫你不等一下再离开呢，自认倒霉吧。"

雷先生：……

场景二

雷先生："我没取到钱，可卡上少了 1 000 元，是不是这台机器有毛病啊？"

银行员工："您先别着急，我们对取款情况有实时录像，请把当时的情况跟我们讲一下，好吗？"

雷先生："吐卡时，没出钱啊，我就接了一个电话。"

银行员工："请跟我们一起看一下回放录像好吗？看看是什么原因。"

原来在雷先生取卡转身接电话的瞬间，钞已经吐出，而他后面一个矮个子青年便随手取走了吐出的 1 000 元。

银行员工："不同银行的取款机，吐卡和出钞方式可能略有不同，一定要按屏幕提示进行操作。不过，我们会将您失款的情况上报，请留下联系电话，有情况我们会立即与您联系。"

雷先生："好吧！谢谢您的提醒！"

从以上案例中可以看出，当客户有紧急要求时，是及时帮客户解决问题，还是向客户"自曝家丑"，这是企业文化和员工素质的体现。因为不同的处理方法，可能导致客户对一家银行产生截然不同的感受。客户一般容易相信内部员工对本机构的负面评价，尤其是第一次上门的客户，会觉得这家银行真的不行。

要客户认同你所在的银行，首先需要自己认同，确保自己口中说出正面的语言，正面的语言会转化成积极的力量！

资料来源：佚名. 请不要在客户面前批评自己的银行 [EB/OL]. [2018-03-20]. http://blog.sina.com.cn/s/blog_6de5ef370100m1jt.html.

▶ 职业道德与职业素养　　　　暖心服务无小事

　　年过花甲的张先生是某银行网点的老客户，每隔一段时间都会来存款。由于腿脚不便，他都会随身携带拐杖，加上进入网点有很长一段台阶，每次上来都显得格外费劲。这天恰逢下雨，台阶有点滑，已经上到一半楼梯的张先生突然崴了一下脚，滑坐在楼梯上。柜员小王看到后立马放下手里的工作，小心翼翼地将张先生扶到大厅坐下，在确认老人没有伤到骨头的情况下，在其受伤处涂抹了药膏，等张先生顺利存好钱，又一路护送他离开银行网点。举手之劳，让客户铭记于心，在提高银行口碑的同时也增加了客户的黏性。

　　资料来源：佚名. 银行员工暖心服务案例精选6篇［EB/OL］.［2021-07-12］. http://www.bjdcfy.com/qita/yxygnxfwal/2021-7/1434453.html.经过改编。

　　启示：

　　本案例直观地展示了如何在实际工作中践行友善、敬业的社会主义核心价值观，如何在细节上体现银行柜员热情周到服务的职业素养。正如党的二十大报告提出的，"在发展中保障和改善民生"，坚持以人民为中心，让老年人也享受到便利的金融服务，努力提升金融服务的"含金量"。

实践训练

一、实训内容

　　一位老奶奶来银行柜台办理取款业务，在取款时两次输错密码。请学生模拟银行柜员热情地接待并帮她办理。

二、实训目标

　　通过实践活动，使学生掌握银行柜员服务要求。

三、实训考核

　　根据学生模拟业务操作情况给予评分。

分析提示6-1

思维拓展 6-1

　　1.一名优秀的银行柜员不仅应该具备相应的专业技能，还必须熟悉服务礼仪。

　　要求：请同学们以小组为单位讨论银行柜员服务礼仪的功能有哪些，然后每个小组选一个代表做总结汇报。

　　2.银行柜员服务礼仪表现在很多方面，时刻约束着银行柜员的一言一行。

分析提示6-2

　　要求：请同学们以小组为单位讨论培养银行柜员正确服务意识的必要性，然后每个小组选一个代表做总结汇报。

项目考核

一、选择题

1.下列关于银行柜员的职业形象表述正确的有（　　）。

A.银行柜员上岗时可自由着装

B.银行柜员不得化妆

C.银行柜员不能佩戴首饰

D.银行柜员上岗时应精神饱满，不能趴在柜台上

2.下列关于银行柜员的服务禁语表述错误的有（　　）。

A.忌谈话时间过短，引起其他客户不满

B.忌开过分的玩笑

C.忌泄露客户的账户情况和资金情况

D.忌背后议论客户

3.银行员工服务态度规范不包括（　　）。

A.应设有引导服务

B.服务要主动热情、礼貌周到、快捷高效

C.遇到客户询问，要做到有问必答

D.配有排队叫号机的网点，根据实际情况决定客户是否需要取号

二、问答题

1.简述银行对柜员的仪容要求。

2.简述银行对柜员的服饰要求。

3.简述银行柜员语言礼仪的一般原则。

三、实训题

请学生模拟银行柜员仪态进行演示，评价其站姿、坐姿、走姿等是否符合银行柜员的职业要求。

项目评价表

内　　容		评　价		
学习目标	评价项目	3	2	1
职业能力	银行柜员服务规范	1.了解银行员工仪表及仪态规范			

	学习目标	评价项目	3	2	1
职业能力	银行柜员服务规范	1.了解银行员工仪表及仪态规范			
		2.了解银行员工日常工作行为规范			
		3.了解银行柜员语言规范			
	银行柜员服务要求	1.了解银行客户服务原则			
		2.了解银行客户服务理念			
		3.了解银行员工服务规范			

内　　容			评　价
通用能力	组织能力		
	沟通能力		
	解决问题的能力		
	自我提高的能力		
	创新能力		
综合评价			

等级说明：

3——能高质、高效地完成此学习目标的全部内容，并能解决遇到的特殊问题；

2——能高质、高效地完成此学习目标的全部内容；

1——能圆满完成此学习目标的全部内容，无需任何帮助和指导。

评价说明：

优秀——达到3级水平；

良好——达到2级水平；

合格——全部任务都达到1级水平；

不合格——不能达到1级水平。

［1］郭绍义，吕芷萱，王亚贤．五笔打字+拼音打字全能速成［M］．天津：天津科学技术出版社，2023.

［2］陈靓．新任基层管理人员　如何优化网点结构［J］．杭州金融研修学院学报，2021（1）.

［3］雷玉华，余滢．银行柜员基本技能［M］．3版．北京：人民邮电出版社，2020.

［4］卢明明．银行业从业入门必读书［M］．北京：人民邮电出版社，2020.

［5］文杰书院．五笔打字与排版基础教程［M］．3版．北京：清华大学出版社，2020.

［6］天津滨海农商银行滨银商学院．银行新员工90天成长手册［M］．北京：中国金融出版社，2020.

［7］周鑫，邢干．五笔打字教程［M］．北京：清华大学出版社，2020.

［8］徐东平．零基础学拼音+五笔打字从入门到精通［M］．北京：北京时代华文书局，2020.

［9］董瑞丽．商业银行综合柜台业务［M］．北京：高等教育出版社，2019.

［10］黄爱国，郭毅．财务小键盘录入技术［M］．2版．上海：立信会计出版社，2019.

［11］杨则文．商业银行综合柜台业务［M］．3版．北京：中国财政经济出版社，2019.

［12］胡增芳．商业银行综合柜台业务［M］．北京：高等教育出版社，2018.

［13］郭启庶，张建强．会计基本技能［M］．北京：中国财政经济出版社，2016.

［14］雷玉华．银行柜员基本技能［M］．北京：人民邮电出版社，2016.

［15］林迎春，张红玲．点钞与计算［M］．大连：东北财经大学出版社，2015.

［16］王家申．银行柜员岗位知识与技能［M］．北京：机械工业出版社，2015.

［17］黄爱国，郭毅．财务小键盘录入技术［M］．上海：立信会计出版社，2015.

［18］王汝梅．银行柜员业务实训［M］．北京：电子工业出版社，2015.

［19］徐翠梅，宋锐．计算器与点钞技能实训［M］．北京：电子工业出版社，2015.

［20］九州书源．五笔打字速成［M］．北京：清华大学出版社，2015.

［21］彭爽．商业银行基本技能训练［M］．北京：中国劳动社会保障出版社，2014.

［22］上海起航教育信息咨询有限公司研究院．商业银行综合柜员基本技能入门手册［M］．北京：中国金融出版社，2012.